大数据环境下的财务共享探究

王雅 著

吉林出版集团股份有限公司

版权所有 侵权必究

图书在版编目（CIP）数据

大数据环境下的财务共享探究 / 王雅著. -- 长春：吉林出版集团股份有限公司, 2024. 6. -- ISBN 978-7-5731-5299-2

Ⅰ. F232

中国国家版本馆CIP数据核字第2024W0G115号

大数据环境下的财务共享探究

DASHUJU HUANJING XIA DE CAIWU GONGXIANG TANJIU

著　　者	王　雅
出版策划	崔文辉
责任编辑	王　媛
封面设计	万典文化
出　　版	吉林出版集团股份有限公司
	（长春市福祉大路5788号，邮政编码：130118）
发　　行	吉林出版集团译文图书经营有限公司
	(http：//shop34896900.taobao.com)
电　　话	总编办：0431-81629909　营销部：0431-81629880/81629900
印　　刷	唐山唐文印刷有限公司
开　　本	787mm×1092mm　　1/16
字　　数	221千字
印　　张	12
版　　次	2025年1月第1版
印　　次	2025年1月第1次印刷
书　　号	ISBN 978-7-5731-5299-2
定　　价	78.00元

如发现印装质量问题，影响阅读，请与印刷厂联系调换。电话：13811496718

PREFACE 前言

在当今数字化时代，大数据技术的迅猛发展正在深刻地影响着企业的运营管理模式，尤其是在财务管理领域。随着数据驱动决策成为企业竞争优势的关键，财务共享作为一种高效的财务管理模式，正逐渐成为企业重要的战略选择。本书旨在探讨大数据技术如何推动财务共享的发展，以及财务共享在大数据环境下如何实现更高效、更精准的财务管理和决策支持。

本书共分为八章，每一章都围绕大数据与财务共享的不同方面展开深入讨论。第一章从理论基础出发，概述了大数据驱动的财务共享的基本概念、在财务共享中的应用，以及未来发展趋势。第二章至第四章分别聚焦于大数据采集与财务共享数据管理、大数据分析与财务共享洞察以及大数据支持技术与财务共享平台建设，详细探讨了大数据技术在财务共享中的具体应用和实践，包括数据采集、清洗、整合、分析方法、云计算、区块链和可视化技术等。第五章讨论了财务共享的法律与合规管理，包括财务共享法律框架、数据隐私与合规性要求、财务共享合同与法律风险管理，以及监管趋势与合规最佳实践。第六章和第七章从企业内部和跨组织的角度分别分析了大数据在财务共享中的应用，探讨了大数据如何支持企业内部和跨组织间的财务共享模型、部门间数据共享与财务协同以及大数据促进的行业间财务合作等。第八章则展望了大数据环境下财务共享的未来，讨论了大数据技术发展、财务共享与人工智能的融合，以及大数据伦理问题在财务共享中的重要性和挑战。

通过对大数据与财务共享交叉领域的全面剖析，本书旨在为读者提供一套系统的理论框架和实践指南，帮助企业在大数据时代更好地实施和优化财务共享模式，实现财务管理的创新和升级。

作 者

2024 年 1 月

CONTENTS 目 录

第一章 大数据背景下的财务共享理论基础 ································ 1
- 第一节 大数据驱动的财务共享概述 ·· 1
- 第二节 大数据分析在财务共享中的应用 ···································· 7
- 第三节 财务共享的未来发展趋势 ·· 12

第二章 大数据采集与财务共享数据管理 ···································· 16
- 第一节 大数据采集方法与工具在财务共享中的应用 ·························· 16
- 第二节 财务数据清洗与质量管理 ·· 19
- 第三节 数据仓库与财务共享数据整合 ······································ 25
- 第四节 数据隐私保护与财务共享安全性 ···································· 36

第三章 大数据分析与财务共享洞察 ·· 47
- 第一节 大数据分析方法在财务共享中的运用 ································ 47
- 第二节 大数据预测分析与财务决策支持 ···································· 61
- 第三节 大数据风险管理与财务共享 ·· 68

第四章 大数据支持技术与财务共享平台建设 ································ 76
- 第一节 云计算与财务共享数据存储 ·· 76
- 第二节 区块链技术与财务共享安全 ·· 82
- 第三节 可视化技术与财务共享 ·· 87

第五章 财务共享的法律与合规管理 ·· 93
- 第一节 大数据环境下的财务共享法律框架 ·································· 93
- 第二节 数据隐私与合规性要求 ·· 99
- 第三节 财务共享合同与法律风险管理 ······································ 110

第四节　监管趋势与合规最佳实践 ⋯⋯⋯⋯⋯⋯⋯⋯⋯⋯⋯⋯⋯ 119

第六章　企业内部大数据驱动的财务共享 ⋯⋯⋯⋯⋯⋯⋯⋯⋯⋯⋯⋯ 126
　　第一节　大数据在企业内部财务共享的应用 ⋯⋯⋯⋯⋯⋯⋯⋯⋯ 126
　　第二节　部门间数据共享与财务协同 ⋯⋯⋯⋯⋯⋯⋯⋯⋯⋯⋯⋯ 136
　　第三节　内部财务共享成功案例研究 ⋯⋯⋯⋯⋯⋯⋯⋯⋯⋯⋯⋯ 146

第七章　大数据与跨组织财务共享 ⋯⋯⋯⋯⋯⋯⋯⋯⋯⋯⋯⋯⋯⋯⋯ 151
　　第一节　大数据支持的跨组织财务共享模型 ⋯⋯⋯⋯⋯⋯⋯⋯⋯ 151
　　第二节　大数据在供应链财务共享中的应用 ⋯⋯⋯⋯⋯⋯⋯⋯⋯ 160
　　第三节　大数据促进的行业间财务合作 ⋯⋯⋯⋯⋯⋯⋯⋯⋯⋯⋯ 165

第八章　大数据环境下的财务共享未来展望 ⋯⋯⋯⋯⋯⋯⋯⋯⋯⋯⋯ 175
　　第一节　大数据技术发展对财务共享的影响 ⋯⋯⋯⋯⋯⋯⋯⋯⋯ 175
　　第二节　财务共享与人工智能的融合 ⋯⋯⋯⋯⋯⋯⋯⋯⋯⋯⋯⋯ 178
　　第三节　大数据伦理与财务共享 ⋯⋯⋯⋯⋯⋯⋯⋯⋯⋯⋯⋯⋯⋯ 181

参考文献 ⋯⋯⋯⋯⋯⋯⋯⋯⋯⋯⋯⋯⋯⋯⋯⋯⋯⋯⋯⋯⋯⋯⋯⋯⋯⋯ 185

第一章　大数据背景下的财务共享理论基础

第一节　大数据驱动的财务共享概述

在当今信息化快速发展的时代，大数据已经成为企业获取竞争优势的关键工具。在财务管理领域，大数据技术的应用不仅极大地提高了财务操作的效率和效果，也促进了财务共享服务（FSS）模式的演进。

一、大数据与财务管理

（一）定义与特征

大数据是指那些因其体积巨大、增长速度快、类型多样而难以通过传统数据库管理工具捕获、管理和处理的数据集。这些数据的特性，如体积（Volume）、速度（Velocity）、多样性（Variety）、真实性（Veracity）和价值（Value），通常被称为大数据的五个 V 特性。在财务管理领域，大数据涉及的不仅仅是传统的财务报表数据，还包括了海量的交易数据、市场数据、客户行为数据等，这些数据来源广泛，格式复杂，从结构化的数字数据到非结构化的文本、图像乃至视频数据都有可能。

在财务管理中，大数据的运用已经成为一种不可逆转的趋势。大数据技术使得财务部门能够对海量数据进行高效处理和分析，这对于改进财务报告的准确性和及时性、增强预测分析的能力以及优化资金管理等方面至关重要。例如，通过分析交易数据，企业能够实时监控其财务状况，及时发现潜在的风险和机会。通过分析市场数据，企业能够准确预测市场趋势，为投资决策提供支持。客户数据的分析则能帮助企业更好地理解客户需求，优化产品和服务，提高客户满意度。

然而，大数据的应用也给财务管理带来了挑战。一方面，数据的质量和安全成了企业关注的焦点。数据质量不高会直接影响到分析结果的准确性，而数据安全问题则关系到企业的商业秘密和客户的隐私权。因此，如何确保数据的质量和安全，成了财务管理中应用大数据技术时必须面对的问题。另一方面，对大数据的有效分析需要复杂的技术和专业的人才，这对企业的人力资源管理提出了新的要求。

总之，大数据为财务管理提供了前所未有的机遇，使得财务决策可以基于更加丰富和准确的数据进行。但同时，企业也需要克服由此带来的技术和管理上的挑战，以充分利用大数据的潜力，推动企业财务管理的创新和发展。

（二）大数据的重要性

1. 帮助企业实现精准财务预测

在当前的经济环境下，企业面临的不确定性比以往任何时候都要大。在这种情况下，精准的财务预测变得尤为重要。大数据技术可以通过分析历史数据、市场趋势、消费者行为以及宏观经济指标，帮助企业建立更为准确的财务预测模型。这些模型能够预测未来的收入、成本以及现金流量，为企业的战略规划提供数据支持。

（1）数据挖掘与分析。通过深入挖掘历史交易数据、财务报表和行业数据，大数据技术可以揭示出潜在的财务趋势和模式。

（2）预测模型构建。利用机器学习算法，企业可以构建动态的财务预测模型，这些模型能够实时更新和优化，以适应市场的变化。

（3）决策支持。精准的财务预测为企业提供了强有力的决策支持，帮助企业在预算编制、资金安排和投资决策等方面做出更加明智的选择。

2. 实现企业风险管理和财务决策支持

大数据在风险管理和财务决策支持方面的应用，使企业能够实现更高效和更精准的风险评估与控制。通过分析大量的财务数据和市场信息，大数据技术可以帮助企业识别潜在的风险点，预测风险发生的可能性，并提出相应的风险防控措施。此外，大数据还能够支持企业在财务决策过程中，通过提供全面的数据分析和深度的洞察，帮助决策者做出更加合理和有效的决策。

（1）风险识别与评估。利用大数据技术对企业内外部的各种数据进行综合分析，以识别财务风险和业务风险。

（2）预警系统构建。建立基于大数据的风险预警系统，能够实时监控关键的风险指标，及时发现问题和异常。

（3）支持决策制定。大数据分析提供的洞察能够帮助企业在财务规划、投资决策和风险控制等方面做出更加科学和合理的决策。

3. 洞察市场趋势，提高资源配置效率

在激烈的市场竞争中，能够快速准确地把握市场趋势和客户需求的企业，往往能够获得竞争优势。大数据技术可以分析各种市场信号、消费者行为数据以及竞争对手的动态，帮助企业及时洞察市场趋势。这些洞察能够指导企业进行更为有效的资源配置和市场定位，优化产品和服务，提升客户满意度。

（1）市场趋势分析。通过分析社交媒体、在线论坛和新闻报道等，大数据可以帮助企业捕捉市场趋势和消费者偏好的变化。

（2）竞争分析。大数据工具能够分析竞争对手的表现，帮助企业制定相对应的策略，以增强自身的市场竞争力。

（3）资源优化配置：基于市场需求和内部能力的深度分析，大数据支持企业做出更加精准的资源配置决策，提高运营效率和盈利能力。

4. 优化财务流程

财务流程的效率直接影响到企业的运营效率和成本控制。利用大数据技术，企业可以对财务流程进行深度分析和优化，识别流程中的瓶颈和不效率环节，实现流程自动化和数字化。这不仅能够提高财务处理的速度和准确性，还能降低运营成本，提升整体财务管理的效率。

（1）流程自动化。通过引入大数据和人工智能技术，完成自动化财务报告的生成、发票处理和支付流程，减少人工错误和提高处理速度。

（2）成本分析与控制。大数据可以帮助企业更精确地追踪和分析成本，识别节省成本的机会，优化预算分配。

（3）财务透明度和合规性。大数据技术支持企业提高财务记录的透明度，简化审计流程，确保财务活动符合法律法规和行业标准。

二、财务共享服务（FSS）的发展

（一）财务共享服务简介

在当今快速变化的商业环境中，企业寻求更高效、成本效益更佳的方式来管理其财务活动。财务共享服务模式应运而生。它是一种将企业内部不同部门或子公司的财务活动集中到一个共享服务中心的做法。这种模式的核心优势在于通过标准化流程和集中处理，实现财务管理效率的显著提升，同时降低相关成本。财务共享服务这种模式的优势主要有以下几点。

1. 标准化流程

财务共享服务模式的一个主要特点是流程的标准化。在传统模式下，不同部门可能会采用各自的财务处理流程，导致效率低下且容易出错。通过实施共享服务模式，企业能够统一这些流程，确保所有财务活动都按照统一的标准执行。这不仅有助于提高处理速度和准确性，还能使企业更容易遵守相关的法规和标准。

2. 集中处理

集中处理是将财务活动集中到一个服务中心，可以实现规模经济，降低人力和运营成本。此外，这种集中式的处理方式还有助于提高数据的一致性和可访问性，为企业决策提供了一个更加准确和全面的数据基础。

3. 提高财务管理效率

通过实施财务共享服务模式，企业能够显著提高其财务管理的效率。标准化的流程和集中处理减少了重复工作和手动错误，加快了财务报告的生成速度。此外，共享服务中心通常会采用先进的财务软件和自动化工具，进一步提升了处理效率。

4. 帮助企业降低成本

除了提高效率之外，财务共享服务模式还能帮助企业降低成本。集中处理可以减少对财务人员的需求，从而降低人力成本。同时，由于流程的标准化和自动化，企业还可以节省与财务处理相关的其他成本，如审计和合规成本。此外，更高的数据准确性和可靠性也意味着企业可以避免因财务错误而产生的潜在成本。

财务共享服务模式通过其对流程的标准化和集中处理，为企业提供了一种有效的方式来提高财务管理的效率和降低成本。随着技术的进步，尤其是大数据和自动化技术的应用，这种模式的优势更加凸显。企业不仅能够实现财务操作的高效率和低成本，还能通过利用大数据分析来获得更深入的财务洞察，从而在竞争激烈的市场中保持领先。

（二）财务共享服务模式的发展历程

财务共享服务模式的发展可以追溯到20世纪80年代末至90年代初，随着全球化和信息技术的快速发展，企业开始寻求更有效率的方法来管理其财务和会计功能。以下是财务共享服务模式发展历程的简要概述：

1. 初始阶段（20世纪80年代末至90年代初）

在这个阶段，财务共享服务模式的概念开始形成。初期，它主要被大型跨国公司采用，目的是简化流程、减少成本以及提高服务质量。这些公司通过将财务和会计活动从各个业务单位中央集中，来实现规模经济和效率提升。这一时期，共享服务中心通常设在成本较低的地区，重点是在标准化基础上的成本节约。

2. 扩展与成熟阶段（20世纪90年代中期至21世纪初）

随着技术的进步和全球经济的进一步融合，财务共享服务模式开始迅速扩展，并逐渐成熟。企业开始意识到，除了成本节约外，财务共享服务中心还可以作为提升财务管理质量和效率的重要手段。在这个时期，信息技术，特别是ERP（企业资源规划）系统的广泛应用，极大地促进了财务共享服务模式的发展。企业能够实现更好的数据一致性，加强内部控制，并提供更加准确的财务信息。

3. 技术驱动阶段（21世纪中期至今）

21世纪初期以来，云计算、大数据、人工智能和自动化技术的兴起，为财务共享服务模式的发展带来了新的机遇。这些技术的应用不仅进一步提高了财务处理的效率和质量，还使得共享服务中心能够提供更加高价值的服务，如数据分析、业务洞察和策略支持等。企业开始从传统的成本中心转变为价值中心，更加注重共享服务中心的战略作用。

4. 未来趋势

随着数字化转型的深入，财务共享服务模式将继续向着智能化和全面集成的方向发展。利用机器学习、人工智能和自动化工具，财务共享服务中心将能够实现更高水平的自动化和智能化决策支持。此外，随着企业对数据驱动决策的重视程度不断提高，大数据分析将成为财务共享服务中心提供的核心服务之一。

总的来说，财务共享服务模式的发展反映了企业对效率提升、成本控制和战略价值增加的不断追求。随着技术的进步和业务需求的变化，这一模式将继续演化，为企业提供更加高效、智能化的财务管理解决方案。

三、大数据驱动的财务共享服务转型

在数字化时代，大数据正在引领财务共享服务领域进行一场转型。随着企业数据量的爆炸性增长，如何有效地利用这些数据成为提升财务管理效率和决策质量的关键。大数据技术的应用，使得财务共享服务不再仅仅是成本节约和效率提升的工具，而是成了企业战略决策的强大助力。

通过集成和分析来自各个业务单元的庞大数据集，大数据技术为财务共享服务中心提供了前所未有的洞察力。这些洞察使企业能够实现更加精准的财务预测、风险管理和资源配置。例如，通过分析销售数据、市场趋势和消费者行为，企业可以预测未来的收入流，从而更好地规划资本支出和现金流管理。同时，大数据还能帮助企业识别和评估潜在的财务风险，制定有效的风险防控策略。

更进一步，大数据使得财务共享服务中心能够提供更加个性化和高价值的服务。通过深度分析企业内外部的数据，财务共享服务中心可以为各个业务单元提供定制化的财务报告和数据洞察，帮助他们优化业务决策和性能。此外，利用机器学习和人工智能技术，财务共享服务中心可以实现自动化的财务流程，如自动记账、发票处理和财务报告的生成，大大提高了财务操作的效率和准确性。

总之，大数据驱动的财务共享服务转型正开启了一个新的篇章。通过利用大数据提供的深度洞察和高效的自动化工具，财务共享服务中心不仅能够提升自身的运营效率，还能够为整个企业的战略发展提供强有力的数据支持。在这个过程中，财务共享服务中心正在从传统的支持角色转变为企业内部一个不可或缺的战略伙伴。

第二节　大数据分析在财务共享中的应用

一、大数据分析工具和技术在财务共享中的运用

随着大数据在财务共享服务领域的广泛应用，各种先进的分析工具和技术正成为推动企业财务创新与优化的关键因素。这些工具和技术能够处理和分析海量的数据集，为企业提供洞察力，帮助企业实现更高效的财务管理和决策支持。在财务共享服务模式中，大数据分析的应用主要体现在以下几个方面。

（一）自动化财务报告生成

在当今数据驱动的商业环境中，利用大数据技术自动化财务报告和分析文档的生成，已成为企业提升财务管理效率和质量的关键策略。这种自动化不仅显著减少了对人工操作的依赖，还大幅提高了财务报告的准确性和时效性，从而为企业决策提供了可靠的数据支持。

通过集成先进的大数据分析工具，企业能够无缝地从各种财务系统和数据库中提取所需数据。这些工具采用复杂的算法，能够处理和分析大量的财务数据，识别关键的财务指标和趋势。进一步，它们能够自动整理这些数据，生成各种财务报表，如利润表、资产负债表和现金流量表，以及更为复杂的分析文档，如预算执行情况分析、成本分析报告和财务健康度评估。

这种自动化过程不仅节省了大量的时间和资源，还消除了人工编制过程中可能出现的错误和延误。自动化财务报告确保了数据的一致性和准确性，提供了即时更新的财务信息，使得管理层能够基于最新数据做出快速而准确的决策。此外，自动化财务报告的生成还使企业能够更容易地遵循财务报告标准和合规要求，因为这些工具可以被编程来遵循特定的规则和格式。

随着人工智能和机器学习技术的不断进步，这些大数据分析工具的能力还在不断扩展。它们不仅可以自动化生成标准的财务报告，还能提供深度的财务分析和预测，帮助企业识别潜在的风险和机会。例如，通过分析历史财务数据和市场趋势，企业可

以预测未来的收入和成本，从而更好地规划其财务和业务战略。

总之，大数据技术在自动化财务报告和分析文档的生成中发挥着越来越重要的作用。它不仅提高了财务报告的效率和质量，还为企业的战略规划和决策提供了强有力的数据支持。随着技术的不断进化，预计未来企业将能够利用更加先进的工具，实现更高级别的财务自动化和智能化管理。

(二) 预测性财务分析

在当前复杂多变的商业世界中，企业需要依靠精确的数据分析来指导其战略规划和风险管理。借助先进的机器学习算法和统计模型，大数据分析工具为企业提供了一种强大的手段，以科学的方式进行收入、成本和市场趋势的预测。这些工具能够分析历史数据和市场动态，识别出潜在的模式和趋势，从而生成关于未来的可靠预测。

利用这些预测性分析，企业可以更好地理解市场的发展方向，预测未来的业务环境，并据此制定更为精准的战略规划。例如，通过预测未来的收入趋势，企业可以优化其产品组合，调整定价策略，或者重新安排营销预算。同样，对成本的预测可以帮助企业在提前阶段识别和控制潜在的成本上升因素，从而保持竞争力和盈利能力。

除了支持企业的战略规划外，这些预测性分析还为风险管理提供了重要的数据支持。通过预测市场趋势和经济指标的变化，企业可以提前识别潜在的风险和挑战，如需求下降、供应链中断或原材料价格波动等。这使得企业能够及时调整其运营和财务策略，采取预防措施来减轻这些风险的影响。

更进一步，机器学习算法和统计模型的应用还可以帮助企业挖掘深层次的业务洞察。例如，通过分析消费者行为数据和购买模式，企业可以发现新的市场机会，或者识别出需要改进的产品特性。这种深入的分析能够为企业提供竞争优势，帮助其在激烈的市场竞争中脱颖而出。

总之，通过应用机器学习算法和统计模型，大数据分析工具不仅能够帮助企业进行收入、成本和市场趋势的预测，还能为企业的战略规划和风险管理提供坚实的数据基础。这些预测性分析使企业能够更加灵活和主动地应对市场的不断变化，从而在不确定的商业环境中实现持续的增长和成功。

(三) 风险管理与合规性监控

在当今高度竞争和监管严格的商业环境中，企业面临着各种复杂的财务风险和合规挑战。幸运的是，大数据技术的发展为企业提供了一种强大的工具，以更有效地监控和管理这些风险。通过对交易数据和市场信息进行实时分析，大数据技术能够帮助企业快速识别出异常行为和潜在的风险点，从而采取预防或纠正措施以避免潜在的损失或法律问题。

这种实时监控能力特别重要，因为它允许企业及时发现并应对可能影响财务稳定性和声誉的问题。例如，通过分析大量的交易记录，大数据技术可以揭示出不寻常的支付模式或异常的资金流动，这些可能是欺诈或财务误报的迹象。通过早期识别这些问题，企业可以迅速采取措施进行调查和干预，从而减少损失并防止问题扩大。

除了风险管理之外，大数据技术还对企业的合规性监控起着至关重要的作用。随着全球财务报告和合规要求日益严格，企业需要确保其财务活动不仅遵循本国的法律法规，还要符合国际标准和最佳实践。大数据分析可以帮助企业监控其所有财务操作，确保这些活动遵守相关的规定和标准。通过自动化的合规性检查和报告，企业可以更有效地管理其合规风险，避免高昂的罚款和法律诉讼，同时维护其商业声誉。

大数据技术还可以帮助企业构建更为全面和深入的风险评估模型。利用先进的数据分析技术，企业不仅能够基于历史数据识别风险，还可以预测未来潜在的风险趋势。这种前瞻性的风险管理策略使企业能够更好地准备应对未来可能出现的挑战，从而在不断变化的市场环境中保持竞争力。

总之，大数据技术为企业提供了一个强有力的工具，用于监控和管理财务风险，加强合规性监控。通过利用这些技术，企业可以保护自己免受财务风险的影响，确保持续遵守法律法规和行业标准，从而在复杂多变的商业环境中保持稳健和合规。

(四) 成本与效率优化

在当前经济环境下，企业面临着持续的成本压力和运营效率的挑战。为了保持竞争力和盈利能力，企业不断寻求方法来优化其成本结构和业务流程。这里，大数据工具的作用变得尤为重要，它们通过深入分析企业的财务数据、运营数据和市场信息，揭示出成本节约和流程优化的潜在机会。

利用大数据工具，企业可以进行全面的成本分析，这不仅包括直接成本，如材料、人力和制造成本，也包括间接成本，如管理、销售和分配成本。这些工具能够识别出成本高于行业标准或历史水平的领域，提示企业可能存在的成本控制问题。此外，通过分析成本与产出的关系，大数据可以帮助企业发现成本效益低的产品或服务，从而做出相应的调整或淘汰决策。

在业务流程方面，大数据工具通过分析各个流程环节的时间、成本和效率，帮助企业识别流程中的瓶颈和低效环节。这种分析可以基于实时数据进行，允许企业快速响应并进行流程调整。例如，通过分析供应链数据，企业可以发现供应延迟的原因，并通过调整供应商选择或库存策略来优化供应链管理。

大数据分析还能帮助企业在更宏观的层面上优化资源配置。通过综合分析市场需求、竞争环境和内部资源状况，企业可以确定哪些业务领域或项目具有最高的投资回报率，从而进行有针对性的资源投入。这种基于数据的决策制定过程，不仅提升了资源使用的效率，还增强了企业对市场变化的适应能力。

综上所述，大数据工具通过提供深入和全面的数据分析能力，为企业在成本管理和业务流程优化方面提供了强有力的支持。这不仅有助于企业降低成本，提高运营效率，还能够在更广泛的范围内优化资源配置，从而提升整体财务表现和市场竞争力。随着大数据技术的不断进步和应用，企业将能够更有效地应对复杂多变的商业环境，实现持续的增长和成功。

（五）客户和市场洞察

在当今快速变化和高度竞争的商业环境中，财务共享服务中心的角色已经从传统的财务事务处理扩展到成为企业战略决策的重要支持部门。这种转变得益于大数据技术的应用，它使得财务共享服务中心能够综合利用内部和外部的大量数据资源，进行深度分析和洞察。这不仅限于分析企业内部的财务数据，如收入、成本和利润等，更扩展到了对客户行为、市场趋势以及竞争对手动态的全面分析。

通过对客户行为数据的分析，财务共享服务中心可以揭示出客户偏好、购买习惯以及对产品和服务的需求变化。这些信息对于企业来说至关重要，因为它们可以帮助企业优化产品和服务的设计、定价策略以及销售和市场营销活动，从而更好地满足客户需求，提升客户满意度和忠诚度。

对市场趋势的分析可以让企业把握行业发展的方向和速度，预测未来的市场变化和潜在的增长机会。这些洞察对于企业制定长期的财务和业务战略至关重要，它们可以帮助企业在正确的时间做出投资决策，避免市场风险，抓住市场机会。

对竞争对手动态的分析则使企业能够了解竞争对手的策略、优势和弱点，以及他们在市场上的表现。这些信息可以帮助企业制定有效的竞争策略，如何通过差异化的产品和服务、更具竞争力的定价策略以及更有效的市场定位来获得市场优势。

综上所述，大数据分析的应用极大地扩展了财务共享服务中心的功能和作用，使其不仅能够提供传统的财务数据处理和报告服务，还能够提供更加全面和深入的市场和业务洞察。通过综合分析内部财务数据与外部市场信息，财务共享服务中心可以帮助企业更好地理解市场需求，制定更加精准和高效的财务和业务战略，从而在复杂多变的市场环境中保持竞争力和实现持续增长。

二、大数据分析改进财务流程的实际案例

在财务共享服务领域，大数据分析的应用正变得越来越广泛，其影响力也日益显著。一家全球知名的快速消费品（FMCG）企业的经验就是一个典型例子，展示了大数据如何助力财务流程的革新和优化。

该企业面临的挑战是处理来自世界各地数百个单位的复杂和庞大的财务数据。传统的财务处理流程效率低下，错误率高，且难以快速适应市场变化。为了解决这些问题，企业决定采用大数据技术来改进其财务共享服务中心的运作。

首先，该企业通过集成和标准化其全球财务数据，建立了一个中央数据仓库。然后，利用大数据分析工具，该企业开始对这些数据进行深入分析，以识别流程中的瓶颈和不效率环节。通过这些分析，企业发现了一系列可以改进的领域，包括发票处理流程缓慢、报销流程复杂以及财务报告生成时间长等问题。

接下来，企业利用机器学习算法对这些流程进行了自动化和优化。例如，它们开发了一个自动发票处理系统，该系统可以自动验证发票信息，并与采购订单和收货记录进行匹配，大幅减少了人工介入的需要，提高了处理速度和准确性。同时，通过引入预测性分析，企业能够更准确地预测财务需求，优化现金流管理。

此外，该企业还利用大数据工具对销售数据、市场趋势和消费者行为进行分析，以支持更精准的财务预测和决策。这不仅提高了企业的财务规划能力，还增强了对市

场变化的响应速度和灵活性。

这个案例清楚地展示了大数据分析如何在实际中被应用于改进财务流程，不仅优化了企业的内部运作效率，还提升了企业的市场竞争力。通过这种方式，财务共享服务中心不再仅仅是成本中心，而是成为推动企业战略发展的重要力量。

第三节　财务共享的未来发展趋势

一、人工智能和机器学习在财务共享的应用前景

随着人工智能（AI）和机器学习（ML）技术的飞速发展，它们在财务共享服务领域的应用前景正日益广泛和深远。这些技术不仅能够极大地提升财务处理的效率和准确性，还能够为企业决策提供更加深入的洞察，推动财务共享服务从传统的成本中心向为企业增值的战略伙伴转变。

（一）流程自动化和优化

AI 和 ML 能够自动化处理大量的重复性财务任务，如发票处理、账目核对和报告生成等。通过学习历史数据，机器学习模型可以预测和识别异常事项，从而减少错误和欺诈风险。这种自动化不仅提高了操作效率，也使财务团队能够将精力转移到更加战略性的任务上。

（二）预测性分析

AI 和 ML 技术通过分析历史数据和市场趋势，帮助企业进行收入、成本和市场需求的预测。这种预测性分析为企业的财务规划和预算制定提供了坚实的数据支撑，使企业能够更加灵活地应对市场变化。

（三）风险管理

通过分析交易模式和财务报告，AI 可以帮助企业识别潜在的财务风险和欺诈行为。同时，机器学习模型可以评估信贷风险和市场风险，为企业的风险管理提

供更加精确的量化分析。

(四) 决策支持

AI 和 ML 可以提炼财务数据中的关键信息，为企业提供关于成本控制、资产管理和投资机会的深入洞察。这些洞察支持企业做出基于数据的决策，优化资源配置，提高投资回报率。

(五) 客户服务和互动

AI 技术，特别是自然语言处理和聊天机器人，可以在财务共享服务中用于提高客户服务质量。它们能够提供 24/7 的财务咨询服务，处理查询和事务，提高客户满意度和互动效率。

未来，随着 AI 和 ML 技术的持续进步和应用深化，它们在财务共享领域的作用将变得更加重要。企业将能够实现更高级别的自动化、更精准的预测和更有效的决策支持。为了充分利用这些技术带来的机遇，企业需要投资于相关技术的研发和人才培养，同时也要注意数据安全和隐私保护的挑战。总之，AI 和 ML 技术将继续推动财务共享服务的革新，为企业创造更大的价值。

二、云计算和区块链技术对财务共享的潜在影响

随着云计算和区块链技术在全球范围内的快速发展和应用，它们对财务共享服务领域带来了前所未有的潜在影响。这两种技术的结合不仅为财务共享服务的运作提供了新的可能性，还为提高效率、保障安全和增强透明度开辟了新的途径。

(一) 云计算的影响

云计算通过提供可扩展、灵活且成本效益高的计算资源，极大地提高了财务共享服务的灵活性和效率。企业可以根据需要快速扩展或缩减资源，无须投资于昂贵的硬件设备和维护成本，从而实现成本的有效控制。此外，云平台支持实时数据共享和协作，使得分散的团队可以实时访问更新的财务数据和报告，提高了决策的速度和质量。云计算还促进了财务软件和工具的创新，如基于云的 ERP 和财务管理系统，这些工具为财务共享服务的自动化和标准化提供了强大支持。

（二）区块链技术的潜在影响

区块链技术以其独特的去中心化、不可篡改和加密安全的特点，为财务共享服务带来了很大的影响。首先，区块链可以提高财务交易的安全性和透明度，每笔交易都被记录在不可更改的区块链上，所有参与方都可以验证交易的有效性，这减少了欺诈和错误的可能性。其次，区块链技术可以简化复杂的跨国和跨机构财务流程，如供应链融资和跨境支付，通过智能合约自动执行合同条款，大幅度提高了处理速度和降低了交易成本。最后，区块链技术促进了财务审计和合规性监控的创新，由于区块链上的数据是透明和可追溯的，使得审计过程更加高效和准确。

结合云计算和区块链技术，财务共享服务可以实现前所未有的自动化、安全性和效率。企业需要积极探索这些技术的应用，以适应不断变化的财务管理需求和挑战。随着这些技术的不断成熟和应用案例的增多，它们将为财务共享服务领域带来更深远的影响，推动财务管理向更加智能化、安全和透明的方向发展。

三、面向未来的财务共享服务模型和战略规划

随着大数据及相关技术的快速发展，财务共享服务模型正在经历一场深刻的变革，这不仅为企业带来了效率和成本上的优势，同时也为战略规划和决策提供了新的视角和工具。面向未来，财务共享服务模型需要不断地适应新技术的发展，采纳更加前瞻性的战略规划，以满足日益复杂的商业环境和管理需求。

（一）整合先进技术

未来的财务共享服务模型将更加依赖于人工智能、机器学习、云计算和区块链等技术，以提高自动化水平和数据处理能力。这不仅能够优化日常的财务操作流程，减少人工错误，同时也能够提供实时的、高质量的数据支持，增强决策的效率和准确性。

（二）数据驱动的决策制定

利用大数据分析，未来的财务共享服务将能够提供更加深入的业务洞察，帮助企业捕捉市场趋势，预测未来的财务表现和市场需求。这将使企业能够基于数据制定更加科学和精准的战略规划，优化资源配置，提高竞争力。

(三) 强化风险管理和合规监控

通过大数据和区块链技术,未来的财务共享服务能够实现更加高效和透明的风险管理和合规监控。这些技术能够帮助企业实时监控财务风险和合规风险,及时发现和响应潜在的问题,保障企业的财务安全和合规性。

(四) 客户中心化的服务模式

随着技术的进步和客户需求的变化,未来的财务共享服务需要更加注重客户体验,提供个性化、高质量的服务。这包括使用 AI 和自然语言处理技术提升客户服务的效率和质量,以及通过数据分析深化对客户需求的理解,提供定制化的财务解决方案。

(五) 持续学习和创新

为了适应快速变化的技术环境和市场需求,未来的财务共享服务需要建立持续学习和创新的文化。企业应该不断探索新技术、新方法和新模式,培养跨学科的人才,以推动财务共享服务的持续优化和创新。

面向未来,财务共享服务模型和战略规划将更加注重技术的整合和应用,通过数据驱动的决策制定,强化风险管理,提升客户服务,以及持续的学习和创新,以帮助企业应对未来的挑战,把握发展的机遇。这不仅需要企业在技术和人才上的投入,更需要在组织文化和管理理念上的转变,以实现财务共享服务的长远发展和价值创造。

第二章 大数据采集与财务共享数据管理

第一节 大数据采集方法与工具在财务共享中的应用

一、大数据采集的基本概念

（一）大数据采集的概念以及其在财务共享服务中的目的

大数据采集是指使用技术手段从各种来源和渠道收集大量数据的过程，这些数据可以是结构化的，如数据库中的表格数据，也可以是非结构化的，如文本、图片和视频等。在财务共享服务中，大数据采集的目的是聚合和分析来自企业内部和市场的广泛信息，以支持更高效和精准的财务决策。通过集成和分析这些数据，企业可以获得关于市场趋势、客户行为、竞争对手动态以及内部财务性能的深入洞察，从而优化财务流程、提高风险管理能力并增强战略规划的有效性。

（二）概述大数据采集的关键挑战

1. 数据质量

数据质量是大数据采集中的首要挑战之一。质量差的数据可能会导致错误的分析结果和决策失误。确保数据的准确性、完整性和一致性对于财务共享服务至关重要，因为财务决策的准确性直接影响到企业的运营和财务健康。

2. 数据安全

在收集和存储大量财务数据的过程中，数据安全成为一个重要考虑因素。财务数据往往包含敏感信息，如收入情况、成本结构和投资细节等，其安全性直接关系到企业的商业秘密和竞争优势。因此，采取有效的数据保护措施，防止数据泄露、篡改和丢失是大数据采集过程中必须面对的挑战。

3. 隐私保护

随着数据保护法规的日益严格，如欧盟的通用数据保护条例（GDPR），企业在进行大数据采集时必须确保遵守相关的隐私保护法规。这意味着在收集、处理和存储个人或敏感信息时，企业需要采取措施保护数据主体的隐私权益，避免法律风险和声誉损失。

大数据采集为财务共享服务提供了巨大的潜力和机会，但同时也带来了一系列挑战。企业需要采取有效的技术和管理措施来确保数据质量，保障数据安全和隐私，以充分利用大数据的优势，推动财务共享服务的创新和优化。

二、大数据采集方法

（一）自动化数据抓取

自动化数据抓取技术是通过软件工具自动从不同的财务系统和在线平台中提取数据的过程。这些工具能够定期扫描和提取财务报告、交易记录以及其他相关文档的数据，无须人工干预。自动化数据抓取不仅提高了数据收集的效率，还减少了人为错误的可能性，确保了数据的一致性和准确性。例如，使用爬虫技术从网上银行和电子支付平台自动抓取交易数据，可以大大简化收入和支出的跟踪过程。

（二）API 集成

应用程序接口（API）集成是通过编程接口连接和同步外部数据源的方法，以实时获取市场数据和财务信息。许多金融服务提供商和市场数据平台提供 API，允许企业直接访问更新的数据集，如股票价格、汇率和宏观经济指标。通过 API 集成，财务共享服务可以实时更新其数据库，为企业提供即时的市场洞察和财务状况分析，从而支持快速且基于数据的决策。

（三）物联网（IoT）设备

物联网（IoT）设备在自动化收集财务相关数据方面发挥着越来越重要的作用。

这些设备，如智能计量器和传感器，可以实时监控和记录物流成本、库存水平以及生产效率等信息。通过将这些实时数据集成到财务共享服务系统中，企业可以获得更精确的成本分析和库存管理，优化供应链决策，降低不必要的开支和浪费。

（四）用户生成内容分析

社交媒体和在线论坛等渠道提供了大量的用户生成内容，这些内容对于捕捉市场趋势和客户反馈非常有价值。通过分析消费者在这些平台上的讨论、评价和反馈，企业可以获得关于产品性能、服务质量以及客户需求的即时信息。这种从用户生成内容中提取的洞察可以帮助企业调整财务规划，优化产品和服务，提高客户满意度。利用文本分析和情感分析工具，财务共享服务可以自动化这一过程，快速识别正面和负面的反馈，捕捉市场动态。

这些大数据采集方法通过提供更丰富、更实时的数据资源，极大地增强了财务共享服务的能力，使之能够更有效地支持企业的财务决策和战略规划。随着技术的不断进步和创新，未来将有更多的方法和工具被开发出来，进一步提升财务共享服务的效率和效果。

三、大数据采集工具

（一）专业财务软件

市场上的主流财务管理软件，如 SAP 财务、Oracle Financials 和 QuickBooks 等，已经集成了强大的数据采集和分析功能。这些软件能够自动从各种内部和外部源收集财务数据，包括销售记录、银行交易和市场数据等。它们提供的分析工具可以帮助企业进行收入分析、成本分析、预算编制和财务预测。此外，这些软件通常包含可视化功能，使得非技术用户也能理解复杂的财务分析结果。专业财务软件的使用，大大提高了财务共享服务的数据处理能力和决策支持效率，是现代企业财务管理不可或缺的工具。

（二）开源数据采集工具

开源数据采集工具，如 ApacheNiFi、Talend 和 Kettle 等，为财务数据采集提供了灵活且成本效益高的解决方案。这些工具支持从多种数据源收集数据，包括文件系统、数据库和在线 API 等，且可以通过配置而非编码来实现复杂的数据处理流程。开源工具的一个主要优点是它们的可定制性高，能够根据企业的具体需求进行调整和扩展。然而，使用开源工具通常需要一定的技术知识和资源投入，以确保数据采集流程的稳定性和安全性。

（三）定制化数据采集解决方案

对于有特定财务信息需求的企业，开发或定制数据采集工具可能是最合适的选择。定制化解决方案可以精确地满足企业的特定需求，如特殊的数据格式处理、复杂的数据整合规则或高级的安全性要求。企业可以选择内部开发，利用自己的 IT 资源构建完全符合自己需求的数据采集系统，也可以与专业的软件开发公司合作，开发定制化的数据采集软件。虽然定制化解决方案可能需要更高的初期投资和维护成本，但它们提供的高度匹配度和灵活性往往能带来更大的长期价值。

总之，选择合适的大数据采集工具对于提高财务共享服务的效率和效果至关重要。企业应该根据自己的财务管理需求、技术能力和预算，综合考虑使用专业财务软件、开源工具或定制化解决方案。随着技术的发展和企业需求的变化，这些工具和解决方案也将不断进化，以支持企业实现更高效、更精确的财务管理和决策。

第二节　财务数据清洗与质量管理

一、财务数据质量的重要性

在当今数据驱动的商业环境中，高质量的财务数据是企业运营和战略规划的基石。准确和可靠的财务数据对于企业决策制定至关重要，因为它们提供了关于企业财务状况、业绩和市场趋势的关键信息。这些数据帮助管理层制定基于事实的战略，优化资源分配，并评估不同战略选择的财务影响。

同样，高质量的财务数据对风险管理也至关重要。在全球经济的不确定性环境下，企业必须有效识别、评估和管理各种财务风险，包括信用风险、市场风险和流动性风险。准确的财务数据使企业能够及时发现风险迹象，采取预防措施，避免潜在损失。

合规性是企业运营的另一个关键方面，尤其是对于在多个司法管辖区运营的跨国公司。准确的财务记录和报告不仅确保了企业遵守财务报告标准和税法要求，还帮助避免因数据错误而导致的法律后果和罚款。

数据质量问题，包括数据不一致、重复、错误和遗漏，对企业的财务报告和分析有着深远的负面影响。数据不一致和错误可能导致财务报告的准确性下降，从而误导管理层和投资者做出基于错误信息的决策。例如，如果收入或成本数据被错误地记录，可能会导致企业盈利能力的误判，进而影响投资和运营决策。

数据重复和遗漏也是严重的问题。数据重复可能导致对特定财务指标的重复计算，从而夸大了企业的实际表现。相反，数据遗漏可能导致重要信息未被包括在财务分析中，导致不完整的视角和潜在的盲点，特别是在进行趋势分析和预测时。

此外，数据质量问题还可能影响企业的合规性评估，导致错误的税务计算和财务报告不符合规定的标准。这不仅增加了法律和监管风险，还可能损害企业的声誉和市场信心。

总之，确保财务数据的高质量对于支持有效的决策制定、风险管理和保持合规性至关重要。企业需要采取积极的措施来识别和解决数据质量问题，以维护其财务数据的准确性和可靠性。

二、财务数据清洗过程

（一）数据审查和识别

在财务共享服务中，确保数据的准确性和一致性是至关重要的。使用自动化工具和技术进行数据审查和识别是提高财务数据质量的第一步。这些工具可以扫描整个数据集，利用预设的规则和算法来识别数据中的不一致性、异常和错误。例如，数据审查工具可以检测出不符合财务编码规则的条目，或是与历史数据明显偏离的数值，从而标识出需要进一步检查的数据点。这一过程不仅减少了人工审查的负担，也提高了识别问题数据的速度和准确性。

（二）数据校正和标准化

一旦问题数据被识别出来，下一步就是进行数据校正和标准化。错误的数据需要被纠正，重复的数据条目需要被删除，所有数据应转换为企业内部统一的标准格式。这一步骤确保了数据的一致性和可比性，是进行有效分析和报告的基础。数据校正可能涉及将错误的日期格式统一，或是根据其他可靠来源校正错误的数值。标准化过程则包括统一货币单位、财务术语和分类方法等，确保来自不同源的数据可以被无缝整合和对比。

（三）数据丰富和验证

数据清洗的最后一步是数据丰富和验证。这一过程涉及向数据集添加缺失的信息和对数据准确性进行验证。数据丰富可以通过内部记录或公开的市场数据来补充缺失的财务细节，如补全不完整的供应商信息或更新最新的市场价格。数据验证则是确认数据的准确性和有效性的过程，常通过与其他可靠数据源进行对比来实现，例如，将账目记录与银行对账单进行匹配。这一步不仅提高了数据的完整性，也保证了数据的真实性和可信度。

通过这一系列的数据清洗过程，财务共享服务可以大大提高其数据的质量，为企业提供准确、可靠的财务信息支持。高质量的数据是进行深入分析、制定战略决策和有效风险管理的基础，对于维持企业的竞争力和合规性至关重要。随着技术的发展，自动化和智能化的数据清洗工具将在提高数据处理效率和准确性方面发挥更大的作用。

三、财务数据质量管理策略

（一）建立数据质量标准

为了确保财务数据的准确性、完整性和一致性，制定和实施企业级的数据质量管理标准和准则是基础且必要的步骤。这些标准应涵盖数据的所有方面，包括数据的收集、存储、处理、分析和报告。企业需要明确数据质量的关键维度，如准确性、完整性、可靠性和时效性，并为每个维度设定具体的质量目标和指标。此外，制定数据质量管理准则还应包括数据的分类、数据安全和隐私保护措施。通过培训和指导，确保所有涉及数据处理的员工理解并遵循这些标准和准则,是提高整个企业数据质量管理水平的关键。

(二)持续的数据质量监控

随着企业运营的日益复杂和数据量的不断增加,利用大数据工具和技术进行持续的数据质量监控和评估变得尤为重要。大数据分析工具可以自动化地监控数据质量,实时识别和报告数据问题。例如,通过设置数据质量的阈值和警报机制,一旦数据质量指标低于预定水平,系统就会自动通知相关人员。此外,使用数据质量仪表板可以帮助管理层跟踪数据质量的整体状况,及时了解和解决数据质量问题。持续的数据质量监控不仅可以减少数据错误带来的风险,还可以提升数据处理的效率和效果。

(三)数据治理和责任分配

建立有效的数据治理框架是确保财务数据质量管理成功的关键。数据治理框架应明确数据管理的政策、程序和标准,以及各种数据相关活动的责任分配。这包括确定谁负责数据的收集、谁负责数据的校验和清洗,以及谁负责最终的数据分析和报告。确保数据管理责任的明确分配,可以提高数据处理的透明度和可追溯性。此外,建立跨部门的数据治理委员会,负责监督和指导整个企业的数据管理活动,也是实现有效数据治理的有效策略。通过强化数据治理和明确责任分配,企业可以更好地管理和利用其财务数据,支持业务决策和战略规划。

总之,通过建立数据质量标准、实施持续的数据质量监控和强化数据治理与责任分配,企业能够有效管理其财务数据质量,从而支持更加精准和高效的财务共享服务。这些策略不仅提高了数据的可靠性和可用性,还为企业的长期成功打下了坚实的基础。

四、财务数据清洗与质量管理的挑战

(一)技术和组织挑战分析

1. 数据量庞大且增长迅速。随着业务规模的扩大,企业需要处理的财务数据量急剧增加,这对数据存储、处理和分析提出了更高要求。

2. 数据来源多样且分散。财务数据来自多个内部系统和外部渠道，数据格式、质量和更新频率各不相同，整合这些数据成为一个挑战。

3. 数据质量不一。错误、重复和不一致的数据普遍存在于财务数据中，这些问题的识别和修正需要复杂的处理流程。

4. 技术复杂性。使用大数据技术进行数据清洗和质量管理涉及复杂的技术，如机器学习算法，这要求企业具备相应的技术能力。

5. 组织文化和抵抗。数据清洗和质量管理往往需要改变现有的工作流程和习惯，可能会遇到员工的抵抗。

6. 合规性和隐私问题。在处理财务数据时，必须遵守相关的法律法规，保护数据隐私和安全，这为数据管理增加了额外的复杂性。

（二）克服挑战的技术解决方案和管理策略

1. 采用云计算和大数据平台。利用云服务和大数据技术提高数据处理能力，灵活扩展存储和计算资源，应对数据量的快速增长。

2. 实施数据整合工具。使用 ETL（Extract，Transform，Load）工具和数据集成软件，有效整合来自不同来源的数据，统一数据格式和标准。

3. 部署自动化数据清洗工具。采用自动化数据清洗和质量管理工具，减少人工干预，提高数据处理的效率和准确性。

4. 建立数据治理框架。制定明确的数据治理政策，确立数据质量标准，分配数据管理职责，建立跨部门的数据治理小组。

5. 培养数据文化和技能。通过培训和教育，提升员工对数据质量重要性的认识，培养数据驱动的决策文化，减少组织抵抗。

6. 强化数据安全和合规性。采取加密、访问控制和数据脱敏等措施保护数据安全，确保数据处理活动符合法律法规要求。

通过结合技术解决方案和管理策略，企业可以有效应对财务数据清洗和质量管理过程中的挑战，提高财务数据的准确性和可靠性，支持更高效和有效的财务共享服务。这不仅有助于企业实现财务优化和风险控制，还能增强企业的竞争力和市场地位。

五、技术和工具的应用

（一）自动化数据清洗工具

自动化数据清洗工具是专为解决数据质量问题而设计的软件应用，它们能够自动识别和修正数据中的错误、不一致性和重复项。市场上的这些工具包括但不限于 Talend、Data Ladder 和 Trifacta 等，它们提供了一系列的功能，如数据校验、标准化、去重和缺失值填充等。

1. 优势

效率提升。自动化工具大大减少了手动清洗数据所需的时间和劳动力，特别是处理大规模数据集时。

准确性。通过预定义的规则和算法，这些工具可以减少人为错误，提高数据清洗的准确性。

可重复性。一旦设置好数据清洗的规则，相同的过程可以在不同的数据集上重复使用，确保了处理的一致性。

2. 限制

高级配置要求。虽然自动化，但这些工具的有效使用往往需要专业知识来配置和优化数据清洗规则。

复杂性处理。对于特别复杂或特定格式的数据，自动化工具可能难以识别所有问题，仍需要人工干预。

成本考虑。高级的数据清洗工具可能涉及显著的投资，对于预算有限的企业来说可能是个挑战。

（二）机器学习与人工智能

机器学习（ML）和人工智能（AI）技术为数据清洗提供了新的可能性，通过学习大量数据中的模式和关系，这些技术可以自动识别数据质量问题，并提出修正建议。

1. 机器学习

模式识别。ML算法可以识别数据中的异常模式，如异常值检测，以识别和修正数据中的异常点。

预测填充。利用历史数据，ML 模型可以预测缺失值或错误数据的最可能值，从而填充缺失数据或纠正错误数据。

2. 人工智能

自然语言处理（NLP）。AI 在处理非结构化文本数据中特别有用，能够识别和提取财务文档中的关键信息，如发票和合同中的金额和日期。

自动学习和适应。随着时间的推移，AI 系统可以从更正的数据中学习，不断提高其识别错误和异常的能力。

（1）优势

自动适应。AI 和 ML 技术能够随着时间的推移和数据的积累不断优化其模型，提高数据清洗的效率和准确性。

处理复杂性。这些技术特别适用于处理复杂的数据问题，如非结构化数据的解析和理解。

（2）限制

训练数据的质量。ML 模型的效果很大程度上依赖于训练数据的质量，质量低的训练数据可能导致模型效果不佳。

技术复杂度。开发和维护基于 AI 和 ML 的数据清洗解决方案需要较高的技术专长和资源投入。

通过结合自动化数据清洗工具以及机器学习和人工智能技术，企业能够更有效地管理和提升其财务数据的质量，支持财务共享服务的优化和决策制定过程。这些技术的应用不仅提高了数据处理的效率和准确性，也为企业解决复杂的数据质量问题提供了新的途径。

第三节　数据仓库与财务共享数据整合

一、数据仓库的基本概念

数据仓库是为了分析和报告而特别设计的一种系统，它从各种不同的数据源收集、整合和存储大量数据。与传统的操作型数据库不同，数据仓库着重于数据的汇总、历史记录和查询性能，而不是仅仅处理日常事务。操作型数据库设计用于处理快速的插入、更新和查询操作，支持日常业务活动。相比之下，数据仓库通常包含大量历史数据，支持复杂的查询和分析，如时间序列分析和多维分析。

1. 时间性。数据仓库专为存储长期历史数据设计，使企业能够进行时间趋势分析，评估业务表现，并基于历史数据进行预测。

2. 集成性。数据仓库通过整合来自不同源（如各种财务系统、CRM系统和外部数据源）的数据，提供了一个统一的数据视图，使得数据分析更加一致和准确。

3. 非易失性。一旦数据被加载到数据仓库中，它就不会改变。这种不变性确保了分析的稳定性和可靠性，因为分析结果不会因源数据的变化而变化。

4. 可查询性和分析性。数据仓库设计优化了复杂查询的性能，支持复杂的数据分析和报告需求，如财务报表的生成、成本分析和盈利性分析。它提供了高级分析功能，如数据挖掘、预测分析和机器学习集成，帮助企业深入了解财务趋势和模式。

5. 支持决策。通过提供全面、一致和准确的数据视图，数据仓库为企业提供了强大的决策支持工具。企业能够利用数据仓库中的信息来优化财务策略、提高运营效率和增强市场竞争力。

6. 安全性和合规性。数据仓库支持高级的数据安全和隐私保护措施，如角色基础的访问控制和数据加密。这有助于确保财务数据的安全，并帮助企业遵守各种数据保护法规。

综上所述，数据仓库提供了一种高效、可靠的方式来存储、管理和分析大量财务数据，从而支持企业的战略规划和决策制定过程。通过利用数据仓库的优势，企业可以更好地理解其财务状况，发现潜在的机会和风险，以及制定更加有效的财务策略和计划。

二、财务共享服务中的数据整合需求

（一）财务共享服务中数据整合的主要挑战

1. 数据来源多样性。财务共享服务需要处理来自不同业务单元、地理位置和系统的数据。这些数据源可能使用不同的数据格式和标准，使得数据整合变得复杂。整合这些数据要求克服格式不一致、数据重复和接口不兼容等问题。

2. 数据质量问题。数据的准确性、完整性和一致性对财务共享服务至关重要。然而，原始数据常常存在错误、缺失值和不一致性等质量问题。确保数据质量，需要在数据整合过程中进行有效的数据清洗和验证。

3. 实时数据处理需求。在动态的商业环境中，企业需要实时访问财务数据来支持快速决策。这要求数据整合过程不仅要准确无误，还要高效，确保数据的及时更新和可用性。

（二）数据整合在提高财务报告准确性、支持决策制定和促进合规性方面的重要性

1. 提高财务报告准确性。通过有效的数据整合，可以确保财务报告反映了企业的真实财务状况。整合后的数据能够提供一个全面和一致的视图，减少数据差异和错误，从而提高报告的准确性和可靠性。

2. 支持决策制定。整合的财务数据为管理层提供了深入的业务洞察，帮助他们理解成本结构、收入流和资金流动。这些信息对于制定预算、评估投资机会和优化资源分配至关重要。数据整合确保了决策基于完整、一致和最新的信息，增强了决策的质量和效果。

3. 促进合规性。在多变的法规环境下，保持财务数据的合规性是企业的一项重要责任。数据整合有助于确保财务信息遵循相关法规和标准，如国际财务报告准则（IFRS）或美国通用会计准则（GAAP）。通过整合和标准化数据，企业可以更容易地生成符合法规要求的报告，减少合规风险。

综上所述，数据整合在财务共享服务中起着至关重要的作用。它提高了财务报告的准确性，支持了高质量的决策制定，并有助于保持企业的合规性。为了实现这些目标，企业需要采用高效的技术和策略，以确保数据整合过程的成功。

三、数据仓库在财务共享数据整合中的应用

（一）数据集成和标准化

数据仓库的一个核心功能是从多个财务系统和外部数据源中集成数据。这一过程涉及将来自 ERP 系统、CRM 系统、市场数据提供商以及其他财务软件的数据汇集到

一个中央仓库中。数据集成的关键挑战在于处理不同系统中的数据差异，包括不同的数据格式、度量单位和数据定义。

为了克服这些挑战，数据仓库采用了数据标准化的策略，将所有数据转换为一致的格式和结构。这包括统一日期格式、货币单位、财务术语和分类标准等。通过数据标准化，数据仓库确保了来自不同源的数据在分析和报告时的一致性和可比性，为企业提供了一个全面和准确的数据视图。

（二）数据清洗和质量管理

除了数据集成和标准化外，数据仓库还支持财务数据的清洗和质量管理。这一过程包括识别和修正数据中的错误和不一致性，如错误的财务记录、重复的数据条目和缺失的信息。数据仓库通过应用一系列预定义的规则和算法自动执行这些任务，提高了数据质量管理的效率和准确性。

例如，数据仓库可以使用模式识别技术自动检测异常值，使用匹配算法识别和合并重复的记录，或使用数据插补技术填补缺失的数据。这些功能不仅减少了财务团队在数据准备阶段的工作量，还提高了财务报告和分析的准确性和可靠性。

（三）高效数据分析和报告

数据仓库极大地增强了财务共享服务的数据分析和报告能力。它支持高效的多维度分析，允许用户从不同角度（如时间、地区、产品和客户等）探索和分析财务数据。此外，数据仓库提供了强大的历史数据比较功能，使企业能够跟踪财务绩效的变化趋势，识别潜在的风险和机会。

数据仓库还支持复杂的财务报告需求，包括定期的财务报表、盈利分析报告和成本分析报告等。通过预定义的报告模板和自助报告工具，数据仓库使财务分析师能够快速生成准确的财务报告，支持管理层的决策制定。

总之，数据仓库在财务共享数据整合中扮演着至关重要的角色。它不仅提高了数据的一致性和质量，还支持了高效的数据分析和报告，为企业提供了强大的决策支持工具。随着技术的发展，数据仓库的应用将进一步扩展，为财务共享服务带来更多的机会和挑战。

四、数据仓库设计和实施的最佳实践

（一）关键因素考虑

1. 数据模型设计

数据模型设计作为数据仓库设计的核心，直接影响到数据的存储、组织和访问效率。在财务数据仓库的构建中，选择最适合的数据模型不仅关系到日常操作的便捷性，也决定了数据分析的深度和广度。

星型模式和雪花模式是两种常见的数据模型，各自有优势。星型模式因其简单的结构，易于理解和维护，特别适合快速查询；而雪花模式，通过更加规范化的设计，虽然在查询性能上可能稍逊一筹，但在处理复杂的数据关系和维度分析时更有优势。

在设计财务数据模型时，必须充分考虑到财务数据的特殊性，如账期管理、预算与实际数据的对比分析等。这些特性要求数据模型能够灵活地适应各种分析需求，同时也要便于未来的扩展和调整。

考虑到未来可能的扩展需求，数据模型的设计应当具备一定的灵活性，以便在不破坏现有架构的基础上，加入新的数据源或分析维度。

2. 性能优化

数据仓库的性能直接影响到用户体验和业务决策的效率。因此，采取有效的性能优化措施是保证数据仓库长期运行的关键。

索引策略的合理设计可以显著提高查询速度。根据数据访问模式选择适当的索引类型，比如位图索引或 B 树索引，可以加快数据检索速度。

数据分区是处理大量数据时的常用技术，它可以将数据分散存储在不同的物理区域，降低单一查询对系统的压力。

并行处理技术允许同时执行多个查询或数据处理任务，这对于提高数据处理速度和优化用户查询体验至关重要。

负载管理和资源分配策略确保了在用户访问高峰期，数据仓库仍能维持高效的性能。通过动态调整资源分配，可以避免系统过载，保证关键任务的执行效率。

3. 用户访问控制

在处理财务数据时，安全和合规性是最重要的考量之一。实施有效的用户访问控制策略，可以保护敏感数据不被未授权访问和泄露。

定义清晰的用户角色和权限，可以确保用户只能访问其权限范围内的数据和功能。这不仅有助于数据安全，也方便了权限管理。

对于敏感的财务数据，需要实施更为严格的访问控制措施。例如，采用多因素认证、加密传输和访问日志审计等技术，可以进一步加强数据安全性。

定期的安全审计和权限复审也是保证数据安全的重要环节。通过检查和更新权限设置，确保只有合适的用户能够访问敏感信息。

通过深入分析以上三个关键方面，我们可以建立一个既高效又安全的财务数据仓库，为企业提供强大的数据支持和分析能力。

（二）数据治理的作用

1. 数据质量标准

在数据仓库项目的成功实施中，建立和维护高数据质量标准是基础工作，直接关系到数据的可用性和可靠性。

数据准确性、完整性、一致性和时效性是衡量数据质量的四大标准。准确性确保数据反映了真实情况；完整性意味着数据集中没有遗漏的部分；一致性保证了在不同数据集中相同数据的一致；时效性则强调数据的及时更新，确保信息的现实性。

数据清洗是提高数据质量的重要步骤，包括纠正错误、删除重复项等操作，以确保数据的准确性和完整性。

质量监控流程是一个持续的过程，通过定期审查和评估数据质量，及时发现并解决问题，保持数据仓库的高质量标准。

通过实施持续的数据质量管理策略，可以确保数据仓库中的数据既可靠又实用，为决策制定提供坚实的基础。

2. 数据所有权

在有效的数据治理框架中，明确数据所有权是核心要素，它有助于确保数据的质量和合规性。

为每个数据元素指定一个数据所有者,这个人或团队负责监督该数据的质量、更新、安全和合规性。这种做法使得每个数据元素都有明确的负责人。

数据所有者的角色包括定义数据质量标准、解决数据问题,以及作为数据的主要利益相关者参与到相关的决策过程中。他们也是维护数据准确性和完整性的关键人物。

通过建立清晰的数据所有权和责任机制,组织可以更有效地管理和维护其数据资产,确保数据的质量和合规性。

3. 合规性要求

合规性是设计和实施数据仓库时的重要考量,确保数据处理流程遵循相关的法律法规。

财务报告标准、数据保护法规等合规性要求对数据仓库的设计有直接影响。这些要求确保了数据处理的合法性,降低了违规的风险。

在数据仓库的设计阶段考虑合规性要求,意味着从一开始就将合规性嵌入到数据处理流程中。这包括数据收集、存储、处理、访问和传输的每个环节。

通过实施合规性策略和程序,组织不仅可以减少法律和财务风险,还可以增强客户和利益相关者对其数据管理能力的信任。

数据质量标准、数据所有权和合规性要求是数据仓库项目成功的三个关键支柱。它们共同保证了数据仓库的有效性、安全性和合规性,为业务决策提供了可靠的数据支持。

总之,数据仓库的设计和实施是一个复杂的过程,涉及多个关键因素和最佳实践。通过考虑数据模型设计、性能优化和用户访问控制等因素,以及强化数据治理,企业可以确保数据仓库项目的成功实施,支持财务共享服务的高效运作。这不仅提高了数据分析的效率和准确性,也为企业提供了更深入的财务洞察和决策支持。

五、技术和工具选择

(一)构建数据仓库的主要技术和工具选项

1. 传统的数据仓库解决方案

传统数据仓库解决方案,通常部署在企业的本地服务器上,历史悠久且广泛应用于许多大型企业。这些解决方案包括但不限于 Oracle Data Warehouse，IBM Db2 Warehouse，和 Microsoft SQL Server。它们因为提供稳定、可靠且经过时间验证的数据管理能力而长期被企业青睐。这些系统的设计旨在处理大规模的数据集，支持复杂的查询和分析操作，同时保证数据的安全性和完整性。

（1）优点详解

①高度的可定制性和控制能力。传统数据仓库允许企业根据具体的业务需求和技术环境进行定制。企业可以控制数据的存储、管理和访问方式，以及如何集成于现有的IT基础设施和应用程序。

②与企业现有IT基础设施的紧密集成。这些解决方案可以无缝集成到企业的现有IT架构中，包括与其他数据库、应用程序和系统的交互。这种集成能力使得数据流动更加高效，有助于维护数据的一致性和准确性。

（2）限制详解

①高昂的前期投资。部署传统数据仓库解决方案需要显著的前期投资，包括购买和维护硬件设施、软件许可证以及相关的网络架构。对于一些中小企业而言，这可能是一个较大的财务负担。

②维护和管理的复杂性。这些解决方案通常需要专业的知识和技能来有效地维护和管理。从系统安装、配置到日常的维护和升级，所有这些任务都需要专门的IT人员。此外，确保数据仓库的安全性和性能优化也是持续的挑战。

虽然传统的数据仓库解决方案在许多大型企业中有着坚实的地位，其高度的可定制性、控制能力以及与企业IT基础设施的紧密集成为其主要优点。然而，高昂的前期投资和维护管理的复杂性是其主要限制，这使得企业需要仔细权衡其长期的投资回报。随着技术的发展，许多企业开始探索基于云的数据仓库解决方案，以寻求成本效益更高、灵活性更强的替代方案。

2. 云数据仓库服务概述

近年来，随着云计算技术的快速发展，云数据仓库服务如 Amazon Redshift，Google BigQuery 和 Snowflake 等，已经成为企业数据存储和分析的热门选择。这些平台提供了一种高度灵活和成本效率的方式来处理和分析大量数据，无须企业自身投资和维护昂贵的物理硬件。

(1) 优点详解

①按需支付的成本结构。与传统数据仓库相比，云数据仓库服务的一个显著优势是其成本效率。企业只需根据实际使用量支付费用，这种按需支付的模式大大降低了数据存储和处理的总成本。

②无须管理硬件的便利性。企业无须投资于硬件购买、维护和升级，所有这些都由云服务提供商负责。这不仅减少了企业的财务负担，还允许IT团队将更多精力投入到核心业务和创新项目上。

③快速部署和扩展的能力。云数据仓库服务支持快速部署和动态扩展。企业可以根据业务需求的变化，轻松地增加或减少资源，确保数据处理和分析的灵活性和高效性。

(2) 限制详解

①对数据安全和隐私的担忧。虽然云服务提供商采取了多重安全措施来保护存储在其平台上的数据，但对于一些特别注重数据安全和隐私的企业而言，将敏感数据存储在云端仍然是一个需要仔细考虑的问题。

②对数据传输速度的考虑。在某些情况下，尤其是数据量极大时，数据从企业本地环境传输到云端的速度可能成为瓶颈。虽然这可以通过采用各种数据传输优化技术来缓解，但仍然是一个值得关注的问题。

云数据仓库服务以其灵活的扩展性、成本效率和管理便利性，成为现代企业数据管理和分析的强有力工具。然而，对于考虑采用云数据仓库的企业来说，权衡其优势和局限性，特别是在数据安全和传输速度方面的考虑，是制定决策的重要部分。随着云计算技术的不断进步和安全措施的加强，预计云数据仓库服务将继续在企业数据策略中扮演关键角色。

(二) 根据企业的具体需求和资源情况选择合适的技术和工具

近年来，云数据仓库服务如Amazon Redshift、Google BigQuery和Snowflake等经历了快速的增长。这一趋势反映了企业在数据管理和分析需求上的转变，越来越多地寻求灵活、高效的解决方案。这些服务通过云计算平台提供，允许企业在不需要大规模物理硬件投资的情况下，存储和处理巨量数据。

1. 优点详述

①按需支付的成本结构。云数据仓库服务最引人注目的优点之一是其成本效率。企业可以根据实际使用的存储和计算资源来支付费用，这种灵活的成本结构使得即使是小型企业也能够承担。

②无须管理硬件的便利性。传统数据仓库需要企业购买、维护和定期升级物理服务器。云数据仓库服务消除了这些需求，因为所有的硬件管理都由云服务提供商负责。这降低了运营复杂性，使企业能够专注于数据分析而非基础设施管理。

③快速部署和扩展的能力。云数据仓库支持即时部署和动态扩展。这意味着企业可以根据需求增加或减少资源，使得处理能力和存储空间可以实时调整，满足业务需求的变化。

2. 限制和挑战

①数据安全和隐私担忧。虽然云服务提供商采用了先进的安全措施，但将敏感数据外包给第三方仍然让一些企业感到不安。担忧的焦点包括数据的加密、访问控制和跨境数据传输的合规性。

②数据传输速度问题。对于需要频繁上传或下载大量数据的企业来说，网络带宽和数据传输速度可能成为瓶颈。虽然可以通过各种优化技术和服务来缓解这一问题，但这些方案可能会增加额外的成本。

云数据仓库服务为现代企业提供了一个灵活、成本有效的数据管理和分析平台。它们的快速增长和广泛采用证明了其在帮助企业实现数据驱动决策方面的价值。然而，企业在选择和实施这些服务时，仍需仔细考虑数据安全和传输速度等挑战，确保选择最适合自己需求的云数据仓库方案。

在当今数字化和全球化的商业环境中，企业在选择技术和工具时，需综合考虑多个关键因素，以确保所选解决方案不仅满足当前需求，还能够适应未来发展。

3. 安全性和合规性

随着数据泄露事件的频发和监管要求的日益严格，企业更加重视数据的安全性和合规性。选择提供高级安全功能和合规性保障的技术解决方案变得尤为重要。

数据加密和隐私保护。确保解决方案能够加密数据传输和存储，以保护敏感信息免受未授权访问。

多层次安全防护。选择那些提供防火墙、入侵检测系统（IDS）和入侵防御系统（IPS）等多层次安全措施的供应商。

合规性认证。寻找拥有行业标准认证（如 ISO 27001、GDPR、HIPAA 等）的解决方案，以确保满足特定行业的法规要求。

定期安全审计。优先考虑那些提供定期安全审计报告的供应商，这有助于企业了解并信任供应商的安全实践。

4. 可扩展性和性能

随着企业规模的扩大和数据量的增长，选择能够灵活适应这些变化的技术和工具至关重要。

灵活的扩展选项。解决方案应支持无缝扩展资源，无论是通过云基础设施的弹性伸缩还是通过添加更多的硬件资源。

高性能处理能力。对于需要实时数据分析和报告的业务场景，选择性能高效、响应速度快的技术是必要的。

负载平衡和容错能力。确保解决方案能够在高负载情况下平衡请求，并且具备容错机制，以保证业务连续性。

5. 供应商生态系统和支持

选择技术和工具时，供应商的生态系统和支持服务同样重要。一个强大的生态系统和优质的客户支持可以极大地提升解决方案的实用性和价值。

开发者社区。一个活跃的开发者社区意味着具有丰富的学习资源、共享的最佳实践和快速解决问题的方式。

第三方集成。选择那些支持广泛第三方应用和服务集成的解决方案，可以简化工作流程并提高效率。

客户支持服务。优质的客户支持，包括快速响应的技术支持、定期培训和咨询服务，对于确保平稳部署和运维至关重要。

企业可以选择最符合其需求和资源情况的数据仓库技术和工具，为财务共享服务提供强大的数据支持，从而实现更高效的运营和更有效的决策。

第四节　数据隐私保护与财务共享安全性

一、财务数据的隐私和安全挑战

在探讨大数据财务共享时，财务数据的隐私和安全挑战成为了一个不容忽视的话题。财务数据在收集、处理和共享的过程中面临着众多隐私和安全风险，这些风险不仅威胁到数据的完整性和保密性，而且还可能对企业造成严重的后果。

首先，数据泄露是一个主要的风险点。由于财务数据通常包含敏感的商业信息和个人隐私，一旦这些数据被泄露，就可能导致严重的财务损失和信誉受损。例如，客户的支付信息、企业的财务状况以及投资决策等信息一旦外泄，不仅会影响到公司的市场竞争力，还可能成为竞争对手的利用目标。

其次，未经授权的访问也是一个常见问题。随着技术的发展，黑客攻击手段日益高明，企业的财务系统可能会成为攻击的目标。未经授权的访问不仅可能导致财务数据的篡改或删除，还可能使企业面临法律责任，尤其是在涉及客户个人信息的情况下。

最后，数据滥用同样是一个需要关注的问题。在没有适当监管和控制的情况下，即使是内部员工也可能滥用财务数据进行不当行为，如内幕交易或个人利益的追求，这不仅违反了职业道德，也可能导致企业面临法律诉讼和声誉损失。

总的来说，财务数据在收集、处理和共享过程中面临的隐私和安全风险对企业构成了潜在的威胁。为了应对这些风险，企业需要采取有效的安全措施，如加强数据加密、严格访问控制以及实施数据使用政策，以确保财务数据的安全和隐私得到充分保护。

二、数据保护法律和规定

在大数据财务共享的背景下，理解并遵守与财务数据相关的数据保护法律和规定显得尤为重要。这些法律和规定旨在保护个人信息的安全和隐私，同时确保数据的合理利用。两个突出的例子是欧盟的通用数据保护条例（GDPR）和美国的加州消费者隐私法案（CCPA）。

欧盟通用数据保护条例（General Data Protection Regulation，简称GDPR）自2018年5月25日起正式实施，标志着数据保护法律在全球范围内迈入了一个新的纪元。GDPR不仅适用于欧盟境内的组织，任何处理欧盟内部个人数据的组织，不论其位于世界何处，均需遵守其规定。这项全面的法规重塑了数据隐私权的框架，旨在加强个人在数字时代的控制权，同时促进企业对个人数据的保护责任。

GDPR赋予数据主体一系列重要的权利，以确保他们对自己的个人数据拥有更大的控制权：①访问权：个人有权获取其个人数据的副本，以及了解其数据如何被使用。②更正权：如果个人数据不准确或不完整，数据主体有权要求更正。③删除权（被遗忘的权利）：在某些情况下，个人可以要求删除其个人数据。④数据携带权：允许个人将其数据从一家组织转移到另一家组织，增加了数据的流动性。⑤反对权：个人可以反对某些数据处理形式，特别是用于直接营销的数据处理。

GDPR规定了一系列原则，旨在确保数据处理活动的合法性、公正性和透明性。GDPR对跨境数据传输设定了严格的要求，确保个人数据传输到欧盟之外的第三国或国际组织时，接收方能够提供相当于GDPR同等水平的保护。这可能通过多种机制实现，包括数据保护协议、标准合同条款或获得适当的数据保护认证。

加州消费者隐私法案（California Consumer Privacy Act，简称CCPA）是一项在2018年通过，并于2020年1月1日开始实施的立法，旨在加强加州居民在数字时代的隐私权保护。作为美国在州一级上对个人隐私保护最严格的法律之一，CCPA的目标是为加州消费者提供更大的控制权。

CCPA为加州消费者提供了以下关键权利，以增强他们对个人数据的控制。

①知情权。消费者有权知晓企业收集其个人信息的类别及目的。

②拒绝个人信息销售的权利。为消费者提供了一个明确的机制，以拒绝其个人信息被企业销售给第三方。

③访问权。消费者可以请求企业披露其收集的个人信息的详细信息，包括企业如何使用和共享该信息。

④删除权。在某些条件下，消费者有权要求企业删除其收集的个人信息。

CCPA不仅影响着在加州运营的企业，也适用于任何处理加州居民数据的企业，无论这些企业的地理位置在何处。根据CCPA，企业必须：

①提供透明度。企业需要在其隐私政策中明确说明哪些数据被收集、使用和共享

的目的及方式。

②实现账户性。企业必须采取合理的安全措施，保护个人信息免遭未授权访问和盗窃。

③响应消费者请求。企业需在收到消费者请求后的一定时间内，无须提供相关的个人信息，或执行消费者的删除请求。

CCPA 的实施促使许多企业重新评估其数据收集和处理实践。为了遵守 CCPA，企业需要确保其数据处理活动的透明度和账户性，同时建立起有效的消费者请求响应机制。此外，企业还需要关注 CCPA 不断更新和修订的动态，以持续符合法规要求。

在全球化的经济环境中，财务共享服务中心（FSSC）扮演着至关重要的角色，通过集中处理企业内部的财务和会计活动，以提高效率和降低成本。然而，随着数据隐私和保护法律的日益严格，如欧盟的通用数据保护条例（GDPR）、加州消费者隐私法案（CCPA）等，财务共享服务面临着新的挑战和责任。为了遵守这些法律，FSSC 需要采取一系列措施，确保其数据处理活动合法、透明、公正，同时保护数据主体的权利和自由。

总结来说，遵守这些数据保护法律和规定，对于提供财务共享服务的企业来说，不仅是法律义务，也是赢得用户信任和确保业务可持续发展的关键。企业必须了解并实施这些法律的具体要求，从而在大数据的背景下安全、有效地共享财务数据。

三、数据隐私保护策略和技术

在大数据财务共享的背景下，采取有效的数据隐私保护策略和技术是保障数据安全和用户隐私的关键。以下是几种主要的保护措施：

（一）数据分类和最小化

在当前数字化时代，数据成为了企业运营的核心资产，但随之而来的隐私风险也日益增加。为有效降低这些风险，采取恰当的数据管理策略，如数据分类和最小化，成为保护敏感信息和维护客户信任的关键步骤。

1. 数据分类的重要性

数据分类是对企业内部数据按照其敏感性和重要性进行分级的过程。通过明确区分哪些数据是敏感的,哪些是非敏感的,企业能够识别出需要特别保护的信息。例如,财务数据、个人身份信息(PII)、客户账户信息等通常被视为敏感数据,需要采取更高级别的安全措施进行保护。而公开信息或非关键的内部数据则可能被分类为非敏感,可适用更灵活的处理规则。

2. 实施数据最小化原则

数据最小化原则要求企业在实现业务目标的过程中,只收集、处理和存储所必需的最少量数据。这不仅有助于降低数据泄露的潜在影响,因为泄露的信息量减少了,同时也能够简化数据的管理和维护工作。实施数据最小化原则包括几个关键步骤:

明确业务需求。清晰界定收集数据的具体目的,确保每项数据收集活动都有合法的业务理由。

限制数据收集范围。根据业务需求限制收集的数据类型和数量,避免收集超出必要范围的信息。

定期数据审查和清理。定期审查存储的数据,删除不再需要的信息,特别是那些过时或无关的敏感数据。

3. 敏感数据的特别保护

对于被分类为敏感的数据,企业需要采取额外的保护措施,如加密、访问控制和监控等,确保这些信息在存储、传输和处理过程中的安全。这些措施不仅有助于防止未授权访问,也能够在数据泄露事件发生时减轻后果。

通过有效的数据分类和实施数据最小化原则,企业不仅能够降低隐私风险,还能提高数据管理的效率和有效性。这些策略有助于构建一个更加安全、可靠的数据环境,为企业的长期发展和客户关系的维护提供坚实的基础。在日益增长的数据隐私关注下,采取这些主动措施不仅是遵守法律法规的需要,也是企业责任和品牌信誉的体现。

(二)访问控制和身份验证

在数字化时代,数据安全成为企业面临的一项重大挑战,尤其是对于包含敏感财务信息的数据。保护这些数据不被未授权访问是至关重要的,而实施严格的访问控制和强身份验证机制是实现这一目标的关键措施。

1. 访问控制的实施

访问控制是指一系列的安全措施,旨在确保只有经过授权的用户才能访问特定的信息资源。实施有效的访问控制策略包括以下几个关键步骤：

①角色基础的访问控制。根据用户的工作角色分配访问权限，确保员工只能访问他们执行职责所需要的数据。

②最小权限原则。用户应被授予完成工作所需的最低级别的访问权限，以减少敏感信息被滥用或泄露的风险。

③定期审查和更新访问权限。定期审查用户的访问权限，确保随着员工角色的变化，其权限设置得到相应的更新。

2. 强身份验证机制

身份验证是确认用户身份的过程，强身份验证机制能够有效提高系统的安全性。多因素认证（MFA）是一种常用的强化身份验证方法，它要求用户在登录过程中提供两种或更多形式的证明身份的因素，这些因素通常包括：

①知识因素。用户知道的信息，如密码或个人识别码（PIN）。

②拥有因素。用户拥有的物理设备，如手机或智能卡。

③生物特征因素。用户的生物识别信息，如指纹、面部识别或虹膜扫描。

通过结合使用这些不同类型的认证因素，MFA大幅提高了安全性，即使其中一个因素被泄露或破解，未授权用户也难以获得访问权限。

3. 安全性与便捷性的平衡

在实施访问控制和身份验证机制时，还需要考虑到用户便捷性。一个过于复杂或烦琐的认证过程可能会降低用户的工作效率或导致合规性问题。因此，选择适当的安全措施，既能确保数据的安全性，又不会对用户操作造成过大的阻碍，是设计访问控制和身份验证系统时需要考虑的重要因素。

通过定义和执行严格的访问策略，并采用强身份验证机制，企业可以有效地保护其财务数据不被未授权访问，从而降低数据泄露的风险。同时，通过平衡安全性和用户便捷性，可以确保这些措施得到有效执行，支持企业的安全性和效率。在不断发展的数字环境中，持续评估和更新这些策略是保持数据安全的关键。

（三）数据加密和匿名化

在当今信息技术高度发展的时代，数据安全和个人隐私保护成了企业尤其是财务信息处理必须面对的重要挑战。数据加密和匿名化作为保护财务数据安全的两大关键技术，对于防止敏感信息泄露和滥用起着至关重要的作用。

1. 数据加密的作用

数据加密是一种通过算法将数据转换成密文的安全技术，只有拥有相应密钥的人才能解密并访问原始信息。这一技术广泛应用于保护数据的存储和传输过程，确保即便在数据被非法访问的情况下，信息也因为加密而难以被第三方利用。数据加密可以应用于不同层面，包括文件加密、数据库加密以及数据传输加密等，为财务数据提供全方位的保护。

2. 匿名化技术的重要性

匿名化技术通过去除或替换财务数据中的个人识别信息（如姓名、地址、社会安全号码等），来进一步保护个人隐私。这一过程确保了即使数据被公开或者非法获取，也难以追溯到特定的个体。匿名化不仅有助于降低数据泄露的风险，也符合全球范围内越来越严格的数据保护法规要求，如欧盟的通用数据保护条例（GDPR）。

3. 加密与匿名化的结合使用

虽然数据加密和匿名化各自有其优势，但在许多情况下，将这两种技术结合使用将提供更强的数据保护。例如，在处理财务报告或进行数据分析时，首先对敏感数据进行匿名化处理，然后对结果数据进行加密存储和传输，可以在保护个人隐私的同时，确保数据在整个处理过程中的安全。

4. 面临的挑战

尽管数据加密和匿名化提供了强有力的数据保护，但在实践中也面临一些挑战。例如，加密数据的管理和密钥的安全保管是一大挑战，密钥的泄露可能导致加密数据的安全性大打折扣。此外，过度的匿名化可能影响数据的可用性和分析价值，找到保护隐私和保持数据价值之间的平衡是匿名化过程中的一大挑战。

综上所述，数据加密和匿名化是保护财务数据安全和个人隐私的重要技术。通过有效地应用这些技术，企业不仅能够遵守相关的数据保护法规，也能增强消费者和合作伙伴的信任，从而支持企业的长期发展。然而，为了充分发挥这些技术的效用，企业需要注意加密密钥的安全管理，以及在匿名化过程中保持数据的可用性和分析价值。

（四）持续的监控和审计

在数字化时代，财务数据的安全性对企业至关重要，而持续的监控和审计则是确保这一安全的关键环节。这不仅帮助企业及时检测和响应安全事件，还能有效地预防数据泄露和滥用的风险。

1. 持续监控的作用

持续监控是一个动态的过程，它涉及对企业系统中数据的实时或近实时的观察和分析。通过对数据访问和使用情况的不断监控，企业能够：

①迅速发现异常行为。自动化的监控工具可以帮助识别出与正常行为模式不符的活动，如非授权访问尝试、不寻常的数据下载量等。

②减少响应时间。在安全威胁发生初期即可发现问题，显著降低了安全事件对业务的潜在影响。

③加强数据保护。持续监控还能帮助企业了解数据流向和使用情况，从而更好地保护敏感财务信息。

2. 定期安全审计的重要性

与持续监控相辅相成的是定期进行的安全审计，它是一种更为深入的检查，旨在评估和加强企业的安全态势。安全审计通常包括：

①评估现有安全措施的有效性。通过审计，企业可以检查其安全策略、控制措施和实施过程是否符合既定的安全标准和法规要求。

②识别潜在风险和漏洞。安全审计有助于揭示企业防御中的薄弱环节，如配置错误、过时的软件、未加密的敏感数据等。

③采取改进措施。基于审计结果，企业可以制定具体的改进计划，强化安全防护，提高数据安全水平。

3. 实施策略

为了有效实施持续监控和定期审计，企业应考虑以下策略：

①使用自动化工具。利用自动化的监控和分析工具，提高异常检测的准确性和效率。

②跨部门合作。安全监控和审计应涵盖企业的各个部门，确保全面的数据保护。

③定期更新和测试。随着技术的发展和新威胁的出现，定期更新监控策略和审计流程，定期进行安全测试和演习。

④员工培训和意识提升。提高员工对数据安全的认识，定期进行安全培训和教育，是防止内部威胁和提高整体安全水平的重要环节。

通过持续监控和定期进行安全审计，企业不仅能够有效地管理和降低安全风险，还能在遵守相关法规的同时，增强客户和合作伙伴对企业数据处理能力的信任。这些措施共同构成了企业数据安全管理的基石，为企业的长期成功和可持续发展提供支持。

通过实施这些数据隐私保护策略和技术，企业不仅能够符合数据保护法律和规定的要求，还能增强客户信任，促进财务数据共享的安全和效率。在大数据时代，这些措施对于维护企业的竞争力和声誉至关重要。

四、应对数据隐私和安全事件

在大数据财务共享的环境下，应对数据隐私和安全事件的能力对于维护企业声誉和客户信任至关重要。以下策略帮助企业减轻潜在事件的影响，同时确保合规性和透明度。

（一）事前准备和响应计划

在今天的数字化商业环境中，数据隐私和安全事件的潜在风险不断上升，企业必须采取前瞻性措施对业务运营产生最小的影响。事前准备措施和有效的响应计划是应对这一挑战的关键组成部分。

1. 事前准备措施

事前准备的核心在于通过识别和评估潜在的安全威胁，制定策略来减少这些威胁对企业造成的影响。具体措施包括：

①风险评估。定期进行全面的风险评估，识别企业面临的关键风险和潜在的安全漏洞。

②关键资产识别。明确企业的关键资产，如敏感数据、关键系统和重要设施，并确保这些资产得到额外的保护。

③预防性安全措施。基于风险评估的结果，实施必要的预防措施，如加强网络安

全、数据加密、访问控制和员工培训。

2. 响应计划的制定

有效的响应计划确保企业在数据泄露或安全事件发生时能够迅速且有效地采取行动，减少事件对企业的影响。一个全面的响应计划应包含以下要素：

①响应团队。指定一个专门的事故响应团队，包括安全专家、法律顾问、IT专家和通信人员。

②行动步骤。详细说明在不同类型的安全事件中，响应团队需要采取的具体行动步骤。

③通信策略。制定内外部通信计划，明确谁何时与员工、客户、合作伙伴以及监管机构进行沟通。

④恢复计划。包括数据和系统的恢复步骤，以及如何尽快恢复正常运营的措施。

3. 定期更新和模拟演练

随着新的威胁的出现和业务环境的变化，响应计划需要定期更新，以确保其有效性。此外，通过模拟演练，可以确保响应团队熟悉响应流程，并能在实际事件发生时迅速而有效地行动。演练应模拟各种可能的安全事件场景，以测试计划的有效性和团队的响应能力。

事前准备和有效的响应计划是企业在面对数据隐私和安全挑战时的关键防线。通过综合风险评估、关键资产保护、预防性安全措施以及一个明确的事故响应计划，企业可以大大减少数据泄露和安全事件对其运营的负面影响。定期的计划更新和模拟演练进一步确保了响应措施的时效性和有效性，为企业的长期成功和可持续发展提供坚实的基础。

（二）事件检测和报告

事件检测和报告在数据隐私和安全管理体系中占据核心地位，它们确保企业能够迅速识别和应对潜在的安全威胁，从而最大限度地减少对企业运营和声誉的影响。以下是对事件检测和报告流程的扩展说明：

1. 实施先进的监控工具和技术

为了及时检测到数据隐私和安全事件，企业应投资于先进的监控工具和技术。这些工具能够提供实时的监控能力，跟踪和记录网络流量、用户行为、系统日志等关键数据。通过部署入侵检测系统（IDS）、入侵防御系统（IPS）、安全信息和事件管理（SIEM）系统以及行为分析工具，企业可以自动化地识别异常模式和潜在的安全威胁。

2. 制定有效的异常行为检测策略

除了使用先进技术外，制定有效的异常行为检测策略也至关重要。这需要企业深入了解其正常的业务和网络活动模式，从而能够准确地区分正常行为和异常行为。策略应包括定义异常行为的标准、设置警报阈值和指标，以及明确哪些情况下需要触发调查和响应。

3. 事件检测后的立即行动

一旦监控工具和策略检测到潜在的数据隐私或安全事件，必须立即按照预定的响应计划采取行动。这包括：

①初步评估。迅速评估检测到的事件，确定其性质、范围和影响程度，以便采取适当的控制措施。

②实施控制措施。根据事件的严重性和类型，实施紧急控制措施，如隔离受影响的系统、关闭入侵路径、增强监控等。

③通知相关方。按照法律法规和企业政策，及时通知内部管理层、受影响的个人、合作伙伴以及必要时的监管机构。

4. 定期审查和改进

事件检测和报告流程需要定期审查和改进，以适应不断变化的环境和企业需求。这包括评估监控工具的有效性、更新异常行为检测策略以及基于实际事件的反馈优化响应计划。

通过这样的综合性策略，企业不仅能够及时检测和响应数据隐私和安全事件，还能持续改进其安全防御能力，确保数据资产和企业的长期安全与稳定。

符合法规的事件报告流程同样重要。许多数据保护法律和规定，如 GDPR 和 CCPA，都要求在数据泄露发生后的一定时间内向监管机构和受影响的个人报告。企业应确保了解并遵守这些要求，建立相应的报告机制，以避免因迟延报告而面临的法律后果和罚款。

（三）培训和文化建设

在确保数据保护和网络安全方面，员工的角色不容忽视。因此，通过培训和文化建设，提高员工的安全意识和责任感成为降低数据泄露风险的关键策略。

1. 培训的重要性

定期进行的数据保护和安全意识培训对于提高员工对数据安全的认知至关重要。培训程序应当：

①涵盖最佳实践。教育员工有关如何安全处理敏感数据的最佳实践，包括密码管理、安全的互联网使用习惯，以及识别和防范网络钓鱼攻击等。

②了解新兴威胁的识别。随着网络威胁不断演变，定期更新培训内容，使员工能够识别最新的威胁和欺诈手段。

③有报告机制的说明。明确指导员工如何及时有效地报告潜在的安全事件或可疑行为，确保信息能够迅速传达至相关管理层进行处理。

2. 文化建设的作用

培养一种以安全和隐私保护为核心的企业文化是长期维护数据安全的基石。这要求企业能够从高层做起，企业领导层应当通过行动和决策体现出对数据保护的重视，为全体员工树立榜样。注重培养责任感，鼓励每位员工认识到自己在保护公司数据安全中扮演的角色，强化个人在数据处理过程中的责任感。将安全融入日常操作，通过持续的沟通和教育，将数据保护的原则和实践融入企业的日常运营中，确保每一项决策和操作都考虑到数据安全的影响。设立奖励机制，表彰在数据保护和安全方面表现突出的个人或团队，以此激励全员积极参与。

通过系统的培训和积极的文化建设，企业不仅能够提高员工的数据保护意识和能力，还能够在组织内部营造一种每个人都积极参与保护数据安全的氛围。这种全员参与的安全文化是降低数据泄露和安全事件发生概率的关键，也是企业持续成功的重要保障。在不断变化的安全威胁环境中，将数据保护和安全意识作为企业文化的一部分，能够确保企业在面对新挑战时始终保持韧性和应对能力。

第三章 大数据分析与财务共享洞察

第一节 大数据分析方法在财务共享中的运用

大数据分析主要是从庞大而复杂的数据集中提取有用信息、发现模式，并得出可执行的洞察。这些数据集因其体量大、速度快、种类多、真实性高而难以用传统的数据处理应用软件进行捕捉、管理和处理。总的来说，大数据分析通过为企业提供基于数据的深入洞察，使其能够更有效地应对快速变化的市场环境，提高运营效率，创造更高的客户价值，并最终做出更明智的决策。在这个数据驱动的时代，掌握大数据分析的能力已成为企业获得持续竞争优势的关键。

一、数据挖掘在财务共享中的应用

财务共享服务模式已成为企业提升财务管理效率、降低成本、优化资源配置的重要策略之一。数据挖掘作为一种高效的数据分析工具，其在财务共享服务中的应用，能够帮助企业挖掘深层次的财务洞察，提升决策质量，进而实现财务流程和业务流程的优化。

（一）数据挖掘的基本过程和常用技术

为了深入探讨数据挖掘的基本过程和常用技术，本文将详细介绍数据挖掘的核心概念、基本步骤以及在实际应用中广泛使用的技术。数据挖掘，作为信息时代的产物，利用统计学、机器学习和人工智能技术从大量数据中提取有价值的信息，是当今数据分析领域的关键技术之一。

1. 数据挖掘的基本过程

数据挖掘的基本过程通常包括以下几个步骤。

①数据预处理。在这一阶段，目的是清洗数据，去除噪声和不一致的数据，处理缺失值。数据预处理是数据挖掘过程中至关重要的一步，直接影响到后续分析的质量和效率。

②数据探索。数据探索涉及对数据进行初步分析，以了解其基本特征。这可能包括计算一些统计量、绘制图表以可视化数据分布等，目的是找出数据中的潜在模式或异常。

③数据变换。在这一步骤中，数据被转换或整合成适合挖掘过程的形式。这可能包括规范化、聚合或其他形式的转换，以提高数据挖掘算法的效果。

④数据挖掘。应用数据挖掘算法来提取数据集中的模式。这一步是整个过程的核心，涉及选择合适的数据挖掘技术和算法。

⑤模式评估和知识表示。在挖掘出有用的模式后，下一步是评估这些模式的实用性和有效性。有效的模式可以用于生成知识，这些知识将以易于理解的形式（如规则、图表、树形结构等）呈现给用户。

⑥知识应用。最后一步是将挖掘出的知识应用于决策支持、预测分析等领域，以解决实际问题。

2. 常用的数据挖掘技术

①分类。分类是一种监督学习技术，目的是根据一组预定义的类别，对新数据进行分类。决策树、随机森林、支持向量机（SVM）和神经网络是常用的分类算法。

②聚类。聚类是一种非监督学习技术，旨在将数据集中的对象分组，使得同一组内的对象相似度较高，而不同组间的对象相似度较低。K均值、层次聚类和DBSCAN是广泛使用的聚类算法。

③关联规则学习。关联规则学习旨在发现大数据集中变量间的有趣关联或频繁项集。Apriori和FP-Growth算法是实现关联规则挖掘的经典算法。

④预测建模。预测建模使用历史数据来预测未来事件。回归分析（线性回归和逻辑回归）、时间序列分析和某些类型的神经网络（如循环神经网络）常用于预测分析。

⑤异常检测。异常检测的目的是识别数据集中的异常值或离群点。这对于识别欺诈行为、网络入侵等场景非常重要。基于统计、密度或聚类的方法是常见的异常检测技术。

数据挖掘技术的应用范围极广，从商业智能、市场分析到社会网络分析和生物信息学等领域都有广泛应用。掌握数据挖掘的基本过程和技术，不仅可以帮助企业和组织从大量数据中提取有价值的信息，还能促进决策过程的优化，为企业带来竞争优势。随着技术的进步和数据量的增加，数据挖掘在解决复杂问题中的作用将越来越重要。

（二）数据挖掘在财务共享中的应用

针对"大数据在财务共享中的应用"这一主题，以下是一个更为详细和深入的大纲，旨在展现大数据如何在不同财务管理领域中发挥作用，进而推动企业实现成本优化、收入增长、风险控制、合规性提升和决策效率的提高。

1. 成本管理

在当今数据驱动的商业环境中，利用数据挖掘技术优化成本管理已成为企业提升财务效率和竞争力的关键策略。这里旨在探讨数据挖掘技术如聚类分析、回归分析和关联规则学习在成本管理中的应用，及其如何帮助企业识别成本节约机会和优化资源配置。

（1）数据挖掘技术应用

聚类分析是一种强大的数据挖掘工具，它通过分析各项财务数据将成本中心或产品线按成本模式进行分类。这种分类帮助财务分析师识别出成本效益较高或较低的区域，从而对成本进行优化。例如，通过聚类分析，公司可能发现某些产品线的生产成本远高于其他产品，进而探究原因并采取措施以降低成本。

回归分析在预测成本趋势方面尤为重要。利用历史财务数据，回归模型可以预测未来的成本变化，为预算编制和成本控制提供科学依据。例如，通过分析原材料成本与生产成本之间的关系，企业可以预测原材料价格上涨对生产成本的影响，从而提前采取措施，如锁定原材料价格或寻找替代材料。

关联规则学习揭示了成本相关因素之间的隐藏关系。通过分析不同因素之间的关联规则，企业可以发现成本增加的潜在原因，比如原材料价格的波动如何影响最终产品的成本。这种洞察力使企业能够更好地控制成本，通过策略调整来减轻外部因素的影响。

（2）识别成本节约机会

通过成本分析和归因，企业可以深入了解成本构成并识别主要的成本驱动因素。这不仅有助于发现成本节约的机会，还能提高成本管理的针对性和有效性。

利用浪费识别技术，企业能够识别和削减不必要的开支，如能源消耗过高或过度采购。这种模式识别技术能够快速发现并纠正浪费现象，从而实现成本节约。

流程优化是另一种重要的成本节约方法。通过分析数据挖掘结果，企业可以识别出流程中的低效环节，比如采购流程复杂、供应链管理不当等，进而提出改进措施，如简化流程、优化供应链，以减少不必要的成本。

（3）优化资源配置

采购策略调整根据成本分析结果进行，比如通过集中采购或签订长期合同来降低采购成本。这种策略可以显著降低原材料和其他必需品的购买成本。

库存管理优化则侧重于利用数据分析确定最佳库存水平，以减少库存成本，同时确保生产和销售活动的顺畅。这包括使用预测模型来预测销售趋势，从而优化库存量。

资本投入优化是通过分析不同业务单元或项目的成本效益来指导资本投入决策的过程。这确保了企业的资源投向最有价值和回报的领域。

总之，通过深入应用数据挖掘技术，企业不仅能够有效识别和实现成本节约的机会，还能够优化资源配置，从而在激烈的市场竞争中保持优势。

2. 收入增长

在今天的高度竞争性市场中，利用大数据分析来深入了解客户并优化财务服务产品是企业增强市场竞争力和收入增长的关键策略之一。

（1）客户数据分析

客户数据分析是理解客户需求和行为的基石。通过深入分析客户的购买模式、行为偏好以及互动历史，企业可以揭示出客户需求的细微差别和市场未被满足的需求。这种分析不仅帮助企业识别出潜在的新市场机会，还能发现增加销售的途径。例如，通过识别特定客户群体倾向于购买的产品类型，企业可以针对这一群体推出促销活动，从而提高销售额和市场份额。

（2）个性化财务服务方案

根据客户数据分析的结果，企业可以开发出针对不同客户群体的个性化财务服务和产品。这种个性化不仅体现在产品特性上，还包括定价策略、促销活动乃至客户服务。通过为客户提供量身定制的服务，企业不仅能够提高客户满意度，还能增强客户的忠诚度。长期来看，这将帮助企业建立稳固的客户基础，并通过口碑营销吸引更多的新客户，从而实现收入的持续增长。

(3) 市场趋势预测

市场趋势预测是指导企业战略决策的另一个重要工具。通过运用如时间序列分析等预测分析工具，企业可以预测未来的市场趋势，包括客户需求的变化、竞争对手的动向以及宏观经济因素的影响。这些预测对于制定产品定价策略、规划市场推广活动以及调整产品开发计划至关重要。准确的市场趋势预测能够使企业抢占市场先机，有效应对市场变化，从而保持竞争优势。

总结来说，通过深入的客户数据分析、开发个性化财务服务方案以及准确的市场趋势预测，企业不仅能够更好地满足客户需求，还能在竞争激烈的市场中脱颖而出，实现收入的稳定增长。这三个策略相辅相成，共同构成了企业在现代市场环境中成功的关键要素。

3. 风险管理

在当前的商业环境中，风险管理已成为企业管理的一个核心组成部分，尤其是在财务领域。数据挖掘技术的应用，特别是在模式识别、异常检测、信用风险评估和合规风险监控方面，为企业提供了强大的工具来识别和减轻潜在风险。

(1) 模式识别与异常检测

通过利用数据挖掘技术，如异常检测算法，企业能够自动识别财务交易数据中的不正常模式。这些模式可能表明存在欺诈行为、错误情况或其他非法活动。例如，如果一个账户突然出现大量非典型的高额交易，异常检测系统可以立即标记这些交易进行进一步的审查。这种技术的应用不仅加快了风险识别的速度，还提高了处理这些风险的效率，从而保护了企业免受潜在的财务损失。

(2) 信用风险评估

信用风险评估是金融机构特别关注的一个领域。数据挖掘技术使得这些机构能够通过分析客户的财务数据和历史交易记录来评估贷款或信用产品的信用风险。使用分类和回归模型，金融机构可以预测客户违约的可能性，从而在批准贷款或信用额度之前做出更加明智的决策。这种方法不仅减少了坏账损失，还使得信用产品的分配更加高效和公平。

(3) 合规风险监控

利用大数据和数据挖掘技术，企业可以实时监控其财务活动，确保所有操作都符合行业规范和法律法规。例如，通过分析交易数据和通信记录，企业可以检测到潜在的内幕交易。这种持续的监控不仅帮助企业避免重大的法律和财务后果，还能够增强公众和投资者对企业的信任。

总而言之，数据挖掘技术在风险管理领域的应用为企业提供了一种强有力的方式来识别、评估和减轻各种风险。通过对财务交易进行模式识别和异常检测，评估信用风险，以及进行合规风险监控，企业能够更有效地保护自身免受潜在风险的影响，同时维护其市场竞争力和声誉。随着技术的进步，我们可以预期数据挖掘在风险管理领域的应用将会变得更加广泛和深入。

4. 财务报告和合规性

在当前全球化的商业环境中，财务合规性对于企业的稳定和持续发展至关重要。随着监管要求的不断增加，利用数据挖掘技术来确保财务报告的准确性和合规性已成为许多企业的首选方法。这里探讨了数据挖掘技术在财务合规领域的应用，包括自动化财务数据收集与分析、提高报告准确性以及监控和确保合规性。

（1）自动化财务数据收集与分析

自动化工具的使用极大提高了财务数据收集和分析的效率。通过应用大数据分析技术，企业能够从各种数据源中快速收集财务信息，并进行深入分析。这不仅减少了手动输入数据时的错误，还使得企业能够实时访问和处理大量数据。自动化分析帮助企业识别财务趋势、潜在的成本节约机会以及效率提升领域，从而提高整体的财务管理效率。

（2）提高报告准确性

准确的财务报告对于满足监管要求和维护投资者信心至关重要。利用大数据分析技术，企业可以确保其财务报告的准确性和可靠性。通过分析历史财务数据和实时财务数据，数据挖掘技术能够识别数据中的异常和不一致性，从而减少人为错误和欺诈行为的风险。此外，通过预测分析，企业还可以预见和解决可能影响财务报告准确性的问题，确保报告符合财务报告标准和法规要求。

（3）监控和确保合规性

随着法规的日益复杂，持续监控财务流程和交易以确保合规性变得尤为重要。数据挖掘技术在这方面发挥了重要作用。通过设置特定的合规性检测算法，企业可以及时发现和纠正潜在的合规问题。这种持续的监控不仅帮助企业避免昂贵的合规性罚款和法律诉讼，还增强了公众和监管机构对企业财务透明度和诚信度的信任。

总之，数据挖掘技术在确保财务报告准确性和合规性方面提供了强大支持。通过自动化数据收集与分析、提升报告准确性以及持续监控合规性，企业不仅能够满足日益严格的监管要求，还能够提高财务管理的效率和效果。随着技术的不断进步和法规的变化，企业应持续探索数据挖掘技术在财务合规领域的新应用，以保持竞争优势和合规性。

5. 决策支持

在当今快速变化的商业环境中，数据挖掘技术已成为企业获取竞争优势和支持高效决策制定的关键工具。通过深入分析历史数据和实时数据，进行预测分析，并增强决策的效率和效果，数据挖掘技术为企业提供了前所未有的业务洞察，从而支持企业的战略规划和日常运营决策。

（1）历史财务数据和实时数据分析

结合历史财务数据和实时数据分析是数据挖掘技术在决策支持中的基础应用。通过对历史财务数据的深入分析，企业能够了解过去的业务表现和趋势，识别成功的模式和潜在的问题区域。同时，实时数据分析使企业能够即时响应市场变化，捕捉到即时的业务机会或风险。这种结合历史数据趋势和实时情报的分析方法，为企业提供了一个全面的业务视角，支持决策者制定更加信息化和数据驱动的决策。

（2）预测分析

利用大数据技术进行预测分析，企业能够基于当前的数据和历史趋势，预测未来的财务状况、市场动向、客户行为等关键业务指标。这种预测能力特别重要，因为它帮助企业在复杂多变的市场环境中前瞻性地做出战略规划。无论是在预算编制、库存管理、产品开发还是市场推广策略方面，预测分析都能提供重要的信息支持，使企业能够制定出更有效、更具前瞻性的计划。

（3）增强决策效率和效果

通过数据驱动的洞察，数据挖掘技术显著提高了企业决策的效率和效果。在数据的支持下，决策者可以迅速识别出关键的业务趋势、挑战和机会，从而更快速、更准确地做出决策。这不仅提高了决策的质量，还增强了企业的业务灵活性和响应速度，使企业能够在竞争中保持领先。

总之，数据挖掘技术在企业经营决策支持中的应用，通过实时业务洞察、强大的预测能力以及增强的决策效率，为企业导航在复杂多变的商业海洋中提供了强有力的支持。随着技术的不断进步和数据分析方法的日益成熟,数据挖掘在帮助企业做出更智能、更高效决策方面的作用将越来越大。

二、机器学习方法的应用

在当今数据驱动的时代,机器学习技术正变得日益重要,尤其是在处理和分析大数据方面。机器学习不仅使得大数据分析更加高效,还大大提高了分析的准确性,为企业决策提供了强有力的支持。随着数据量的爆炸性增长,传统的数据处理方法已经难以满足现代企业的需求。这里,机器学习技术应运而生,它通过自动化的算法使得处理大规模数据集变得可能。机器学习算法能够从数据中学习模式和规律,无须人工干预即可自动完成分类、预测等任务,这不仅极大提高了数据分析的效率,也减少了人为错误,提高了数据处理的准确性。

(一) 监督学习在财务决策支持的应用

在企业经营决策支持领域,数据挖掘技术尤其是监督学习,已经成为提高决策质量和效率的关键工具。下面我们将深入探讨监督学习的定义、应用案例以及面临的挑战和解决方案,从而展示其在企业经营中的重要作用。

1. 监督学习的定义与基本概念

监督学习是机器学习的一个主要分支,其工作原理是利用一组带有标签的数据来训练模型。在这个过程中,模型学会如何将输入数据映射到期望的输出上。一旦训练完成,这个模型就可以用来预测新的、未见过的数据的输出。在企业数据分析中,监督学习的应用帮助决策者通过历史数据预测未来趋势,从而做出更加信息化的决策。

2. 监督学习的应用案例

分类问题在企业经营决策中占据了重要地位。例如,通过客户分群,企业能够识别出不同的客户群体,并针对每个群体制定定制化的营销策略,从而提高营销效率和客户满意度。信用评分则是另一个经典的应用案例,它通过分析客户的历史信用记录和其他相关信息来预测客户的信用等级,对于银行和金融机构来说至关重要。

回归问题同样在企业决策支持中发挥着重要作用。销售预测可以帮助企业根据历史销售数据和市场趋势来预测未来一段时间内的销售额,为生产计划和库存管理提供数据支持。股价分析,通过分析历史股价数据和财务指标,预测未来股价的变动,为投资决策提供依据。

3. 监督学习的挑战与解决方案

尽管监督学习在企业经营决策中具有巨大的应用潜力,但在实际应用中也面临一些挑战。其中,过拟合是最常见的问题之一,即模型过于复杂,导致模型在新数据上的表现不佳。为了解决这一问题,可以采用正则化技术来限制模型的复杂度,或者使用交叉验证来评估模型的泛化能力。

此外,确保训练数据的质量和代表性也是成功应用监督学习的关键。数据预处理步骤,包括数据清洗、异常值处理和特征选择,都是保证数据质量的重要措施。通过综合这些技术和策略,企业可以有效地克服监督学习应用中的挑战,充分发挥其在经营决策支持中的作用。

总之,监督学习作为数据挖掘技术在企业经营决策支持中的重要应用之一,通过提供精准的分类和回归分析,帮助企业提高决策的效率和质量。面对应用中的挑战,企业可以采取适当的技术和策略来优化模型表现,进一步增强决策支持的能力。

(二)非监督学习的应用

非监督学习作为数据挖掘的一种重要技术,在企业经营决策支持中发挥着不可或缺的作用。与监督学习不同,非监督学习不依赖于事先标记好的数据,而是直接从原始数据中发现模式和结构。这一特性使得非监督学习特别适用于探索性数据分析和处理无标签数据的场景。

1. 定义与基本概念

非监督学习是机器学习的一个分支,它的目标是发现未标记数据集中的隐藏结构。不同于监督学习的是,非监督学习的数据没有给定的输出变量或标签,算法需要自己找出数据的规律和关系。这使得非监督学习在处理大量未经标记的数据时显得尤为强大。

2. 应用案例

聚类分析是非监督学习中最常见的应用之一。通过聚类分析,企业可以将客户、产品或其他实体分成几个有明显区别的群组。例如,在市场细分中,企业可以根据客户的购买行为、偏好和社交互动数据将客户分成不同的群组，以便针对性地开发产品和制定营销策略。社交网络分析也常用聚类方法来识别社交媒体上的用户群体或趋势。

关联规则是另一种重要的非监督学习应用，它用于发现变量之间的有意义的关联。在购物篮分析中，通过分析顾客的购买记录，企业可以发现某些产品之间的购买关联，从而用于推荐系统或促销活动的设计。这种分析帮助企业更好地理解顾客的购买模式，优化产品布局和库存管理。

3. 挑战与解决方案

尽管非监督学习在企业经营决策支持中具有广泛的应用，但它也面临一些挑战。如何确定最佳聚类数就是一个常见的问题。为了解决这一挑战，研究者和实践者提出了多种方法，如肘部法则、轮廓系数等，这些方法可以帮助决策者评估不同聚类数目的效果，从而选择最佳的聚类数量。

此外，非监督学习模型的解释性也是一个挑战，因为模型的结果没有明确的标签来解释每个聚类或关联规则的意义。为了克服这一挑战，企业需要结合业务知识和专家经验来解释和应用非监督学习的结果。

总之，非监督学习为企业提供了一种强大的工具，用于从未标记的数据中发现洞察和模式，支持企业做出更加数据驱动的决策。通过克服相关挑战，企业可以最大化地利用非监督学习技术，以提高运营效率和市场竞争力。

（三）强化学习的应用

强化学习，作为数据挖掘技术中的一个重要分支，正在企业经营决策支持领域展现出巨大的潜力。下面我们将深入探讨强化学习的定义、应用案例以及面临的挑战和解决方案，以展示其在企业决策过程中的作用。

1. 定义与基本概念

强化学习是一种机器学习方法，其核心思想是通过与环境的交互来学习如何做出最佳决策。不同于监督学习的是，强化学习不依赖于预先标记的数据集，而是通过试错（trial-and-error）过程和奖励（或惩罚）机制来学习行为策略。在这个过程中，算法（或智能体）不断探索和利用环境，以最大化累积奖励。强化学习在解决需要序列决策和长期规划的问题中尤为有效。

2. 应用案例

游戏和模拟环境。是在游戏和模拟环境中，通过强化学习，AlphaGo 能够学习围棋的策略，并击败世界顶级的围棋选手。在自动驾驶车辆的决策系统中，强化学习也被用来优化路径选择、避障等关键功能。

实时决策优化。在企业经营中，强化学习被用于实时决策优化，如电商平台的动态价格策略，通过实时调整价格以达到最大化利润或销量。库存管理中，强化学习可以帮助企业根据市场需求和存货情况动态调整库存水平，减少库存成本，提高供应链效率。

3. 挑战与解决方案

尽管强化学习在企业决策支持中具有巨大的应用潜力，但其实施过程也面临着一系列挑战。奖励函数设计是实施强化学习过程中的一个关键挑战，因为不恰当的奖励函数可能导致学习过程偏离目标或学习效率低下。为解决这一问题，企业需要细致设计奖励函数，确保奖励机制与企业目标一致，同时可能需要通过试验来调整和优化奖励函数。

长期依赖问题是另一个挑战，即智能体需要学习如何在考虑即时奖励的同时，也优化长期收益。解决这个问题的一种方法是使用深度强化学习，结合深度学习的表示学习能力和强化学习的决策学习能力，以更好地处理长期依赖和复杂的决策环境。

总之，强化学习通过提供一种能够从交互中学习并优化决策的方法，为企业经营决策支持带来了新的视角和工具。通过克服设计奖励函数和处理长期依赖等挑战，企业可以有效地利用强化学习技术，优化决策过程，提高经营效率和竞争力。随着技术的不断进步，强化学习在企业应用中的潜力将进一步被挖掘和实现。

三、预测分析技术

预测分析是一种先进的数据分析方法，旨在使用历史数据来预测未来事件、趋势和行为模式。它结合了统计学、数据挖掘、机器学习和人工智能技术，通过分析过去和现在的数据来做出有根据的预测。在现代业务环境中，预测分析的重要性不言而喻，它使企业能够前瞻性地做出决策，优化资源配置，减少不确定性和风险，同时发掘新的市场机会。

预测分析的主要方法包括时间序列分析、回归分析、机器学习算法等。时间序列分析关注于数据随时间变化的模式，广泛应用于股票价格预测、销售趋势分析等领域；回归分析通过建立变量间的数学关系，用于预测一个变量基于其他变量的变化，例如，消费者支出预测、房价趋势分析等；机器学习算法，尤其是监督学习和强化学习，能够处理更复杂的数据集和预测模型，适用于客户购买行为预测、供应链管理优化等多种场景。

预测分析的应用领域横跨金融、零售、医疗、制造业、能源等多个行业。在金融行业，预测分析帮助银行和投资公司评估信用风险、预测市场趋势；在零售行业，它能够预测消费者行为，优化库存管理；医疗行业利用预测分析来预测疾病发展趋势、改善患者护理；而制造业和能源行业则通过预测分析优化生产计划和能源分配。简而言之，预测分析为现代企业提供了一种强大的工具，通过理解和预测未来，帮助企业保持竞争优势，实现可持续发展。

（一）预测分析的基础

预测分析的基础在于充分理解和利用历史数据。历史数据承载了过去事件和行为的丰富信息，是构建任何预测模型的关键资源。通过分析历史数据中的模式和趋势，预测分析能够揭示未来可能发生事件的可能性。例如，通过分析过去几年的销售数据，企业可以预测未来某一时期内的销售趋势，从而做出相应的库存和营销决策。

然而，要使历史数据能够有效支持预测分析，数据准备阶段的重要性不容忽视。数据准备包括数据清洗、处理缺失值和异常值等关键步骤。数据清洗涉及去除重复记录，纠正错误和不一致的数据，确保数据的准确性和一致性。处理缺失值是预测分析中的一个常见挑战，因为缺失值会影响模型的性能。根据情况选择合适的方法填补或忽略缺失值是至关重要的。同时，识别和处理异常值也非常关键，因为异常值可能代表数据收集过程中的错误，或者是真实但非典型的极端情况，这些都可能扭曲分析结果。

总之，对历史数据的深入理解和精心准备是预测分析成功的基石。只有当数据被妥善清洗和处理后，预测分析模型才能准确地捕捉到数据中的模式和趋势，为企业提供可靠的未来洞察。这一过程不仅要求有强大的数据处理能力，还需要对业务深入的理解，以确保预测分析能够有效支持企业决策。

（二）时间序列分析

时间序列分析是一种统计技术，用于分析按时间顺序排列的数据点，以识别其中的长期趋势、周期性变化、季节性模式等。时间序列数据的一个显著特点是，相邻的数据点之间存在时间上的相关性。时间序列分析的主要目标是基于历史数据预测未来值，从而为决策提供支持。

1. 关键技术

移动平均（MA）和指数平滑（Exponential Smoothing）。这两种技术都是用来平滑时间序列数据，以减少随机波动的影响。移动平均通过计算数据点的平均值来平滑数据，常用于识别趋势。指数平滑则给予更近期的观测值更高的权重，这种加权方式使得预测能够快速适应数据的最新变化。

自回归（AR）模型和季节性分解（Seasonal Decomposition）。自回归模型利用时间序列过去值的线性组合来做预测，有效捕捉数据的趋势和周期性。季节性分解则是将时间序列分解为趋势、季节性和随机成分，帮助分析者理解数据的季节性变化模式。

ARIMA 模型。自回归积分滑动平均模型（ARIMA）是一种集成了自回归模型（AR）、差分（I）和移动平均（MA）的模型，特别适用于非季节性的时间序列数据预测。ARIMA 模型能够处理数据中的趋势和非季节性模式，是时间序列预测中最常用的模型之一。

2. 案例研究

时间序列分析在多个领域都有实际应用，其中股票价格预测和销售量预测尤为突出。在股票市场，分析师使用时间序列分析来预测股价的未来走势，基于历史价格数据、交易量和其他市场指标。通过识别股价的趋势和周期性波动，投资者可以做出更加明智的投资决策。

销售量预测则利用时间序列分析来预测产品的未来销售情况，帮助企业在生产计划、库存管理和预算编制等方面做出决策。通过分析历史销售数据，企业可以识别销售的季节性模式和长期趋势，从而优化资源分配和营销策略。

总之，时间序列分析为解读过去、理解现在和预测未来提供了强有力的工具。通过运用移动平均、指数平滑、自回归模型、季节性分解以及 ARIMA 模型等技术，分析师能够从时间序列数据中提取有价值的洞察，支持企业的决策制定过程。

（三）回归分析

回归分析是一种强大的统计方法，用于研究一个或多个自变量（预测变量）与因变量（目标变量）之间的关系。它主要用于预测分析，尤其是当目标变量是连续性的。

1. 关键技术

线性回归是最基本的回归分析形式，它假设变量间的关系是线性的。线性回归模型通过最小化实际观察值和模型预测值之间的差异（通常是平方差和）来找到最佳拟合直线。这种方法适用于简单的场景，其中一个变量的变化可以用另一个变量的变化来直接预测。

多元回归进一步扩展了线性回归的概念，允许同时考虑多个预测变量。这种方法在处理实际问题时更为实用，因为现实世界中的现象往往受到多种因素的影响。多元回归能够帮助分析者理解不同变量如何共同影响目标变量，并预测在给定一组预测变量值时的因变量值。

逻辑回归则是用于处理因变量是分类变量（如是/否决策）的情况。尽管名为回归，逻辑回归实际上是一种广义的线性模型，适用于二分类问题。非线性回归模型则用于那些线性模型无法有效拟合的复杂数据关系，通过引入非线性项来捕捉变量之间的复杂关系。

2. 案例研究

回归分析在多个领域都有实际应用。在消费者信用评分中，金融机构利用逻辑回归分析客户的历史财务数据，预测其违约的概率，从而决定是否批准贷款。房价预测是另一个典型的应用案例，通过多元回归分析，考虑位置、面积、房龄等多个因素，建立模型来预测房产的市场价值。

总之，回归分析通过建立数学模型来揭示变量之间的关系，为预测连续性目标变量提供了一种有效的方法。无论是简单的线性关系还是复杂的非线性关系，回归分析都能够为决策者提供深入的洞察，帮助他们在不确定的未来做出更加明智的决策。

第二节 大数据预测分析与财务决策支持

一、财务决策支持的内涵

财务决策支持系统（FDS）是企业信息系统的一个重要组成部分，旨在帮助企业管理层做出更加科学和合理的财务决策。它通过集成和分析财务数据，提供必要的信息和分析工具，以支持财务规划、预算编制、投资分析、风险管理等关键财务活动。具体来说，财务决策支持的内容包括但不限于以下几个方面。

（一）资金管理

在当今快速变化的商业环境中，财务决策支持对于管理企业的现金流、资本结构和融资策略至关重要。这不仅涉及对企业财务健康的维护，也关乎企业能否有效利用可用资源来实现其战略目标。首先，对企业现金流的管理要求企业能够准确预测和监控现金的流入和流出，确保企业在任何时候都能满足其短期财务义务。这包括应对突发事件的能力，如市场波动或经济衰退时保持稳定的现金流。

其次，企业的资本结构和融资策略的管理是确保长期财务稳定和增长的关键。通过优化债务和股权的比例，企业可以降低融资成本，同时利用财务杠杆效应提高投资回报率。然而，过度依赖债务融资可能会增加企业的财务风险，因此制定合适的融资策略以平衡风险和回报至关重要。

最后，优化资金使用是财务决策支持的另一重要方面。企业需要确保有足够资金的流动性来支持日常运营，同时为长期投资留出足够的空间。这要求企业不仅要有效管理其营运资本，如应收账款和库存，还要在投资决策中采取审慎的方法，确保投资能够产生足够的回报来支持企业的成长和扩张。

通过以上这些财务决策支持措施，企业可以在确保短期财务稳定的同时，为未来的增长和成功打下坚实的基础。这要求企业领导者不仅要具备深厚的财务知识，还需要能够利用财务数据和分析工具来指导决策，从而在不断变化的市场环境中保持竞争优势。

（二）投资决策

在企业的财务决策支撑体系中，投资决策占据了核心地位。这一过程不仅要求对投资项目的财务可行性进行深入评估，还需要在投资组合的构建中巧妙地平衡风险与收益。首先，评估投资项目的财务可行性是确保资金有效利用的前提。通过计算净现值、内部收益率和回收期等关键财务指标，企业能够对项目的潜在经济效益进行量化分析。净现值帮助企业评估项目未来现金流的当前价值，是衡量项目价值的重要指标；内部收益率则提供了项目盈利能力的度量，帮助企业比较不同项目的收益率；而回收期则关注于项目回本的时间长度，对于关注短期回报的企业尤为重要。

在财务决策的基础上，制定投资组合则是管理风险和最大化收益的关键环节。通过多样化投资，企业能够分散单一项目可能带来的风险，从而在保护本金的同时寻求收益最大化。这要求企业不仅要精通各种财务评估方法，还需要对市场趋势、行业动态和宏观经济环境有深入理解，以便在变化的市场条件下调整投资策略，实现投资组合的最优配置。

总之，投资决策的财务决策支撑不仅关乎对单个项目财务可行性的评估，也包括了如何在多个项目间合理分配资源，平衡整体投资组合的风险与收益。这一过程要求企业采用科学的方法和工具，结合对市场的敏锐洞察，做出既符合企业长期发展战略，又能适应市场变化的投资决策。

（三）预算编制与控制

在企业经营的众多决策中，投资决策是核心环节之一，它直接关系到企业的资金分配、风险管理以及长期发展战略。为了支撑高质量的投资决策，企业必须对投资项目的财务可行性进行严格评估，并在此基础上合理制定投资组合，以实现风险与收益的最佳平衡。

评估投资项目的财务可行性是确保资金有效使用的前提。通过计算净现值、内部收益率和回收期等关键财务指标，企业可以量化项目的潜在经济效益。净现值是衡量项目净增加价值的重要指标，反映了项目未来现金流的现值与初始投资的差额；内部收益率表示项目能够实现的收益率水平，是比较不同投资项目收益潜力的有效工具；

而回收期则从时间维度评估项目的风险，即投资所需时间回本的长短，对于重视短期回报的企业来说尤为重要。

在对单个投资项目进行财务评估的基础上，制定投资组合是控制风险和优化收益的关键步骤。通过多元化投资，企业可以在不同的市场和行业之间分散风险，减少单一项目可能带来的负面影响，同时通过精选具有高增长潜力的项目来提升整体投资组合的收益。在这一过程中，企业需要考虑市场趋势、行业发展前景以及宏观经济环境，以确保投资决策的前瞻性和适应性。

总而言之，投资决策的财务决策支撑不仅涉及对项目财务可行性的详细评估，还包括了如何在保证风险可控的前提下最大化投资收益的策略制定。这要求企业在综合运用财务分析工具的同时，也需具备对市场动态的敏锐洞察，以实现企业资源的有效配置和长期发展目标。

（四）成本分析与管理

在企业的财务管理过程中，成本控制是提高财务效率和盈利能力的关键环节。通过深入分析产品或服务的成本结构，企业可以识别出成本节约的潜在机会，从而实施有效的成本控制措施，提高整体的财务表现。

分析产品或服务的成本结构需要对直接成本（如原材料成本、直接劳动成本）和间接成本（如管理费用、营销费用）进行详细的审查。这一过程中，企业可以利用成本会计和管理会计的方法，如作业成本法和总成本管理，来确保成本分析的准确性和全面性。通过这种分析，企业不仅能够发现成本过高的领域，也能够识别出因效率低下或资源浪费导致的不必要成本。

识别成本节约机会后，企业需要制定和实施成本控制措施。这可能包括采购管理的优化、生产流程的改进、能源使用的效率提升以及非核心业务活动的外包等策略。例如，通过与供应商协商更优惠的采购价格或采用更先进的生产技术，企业可以有效降低原材料消耗等生产成本。同时，通过对能源消耗的监控和管理，以及优化办公和物流等运营流程，也可以进一步降低间接成本。

此外，成本控制还涉及财务预算的制定和监控。通过设定合理的成本目标和预算，企业可以对成本进行有效的监督和控制，确保各项开支符合企业的财务策略和目标。

在实施过程中，定期的财务审计和性能评估也是不可或缺的，它们有助于企业及时发现问题并调整成本控制策略。

总之，通过对产品或服务成本结构的深入分析和识别成本节约机会，企业可以实施针对性的成本控制措施，有效提高财务效率和企业的盈利能力。这一过程不仅要求企业拥有强大的财务分析能力，还需要跨部门的协作和持续的管理关注，以确保成本控制措施的成功实施和长期效果。

（五）风险管理

在企业运营过程中，有效的风险管理对于确保财务稳定性和持续增长至关重要。财务决策支撑系统在风险管理方面扮演着核心角色，它帮助企业识别和评估面临的各种财务风险，并制定相应的风险缓解策略。

识别和评估企业面临的财务风险是风险管理的第一步。这包括市场风险、信用风险和流动性风险等主要类型。市场风险指的是因市场价格波动（如利率、汇率、股价等）导致企业价值损失的风险；信用风险源于交易对手或贷款客户未能履行合约义务；而流动性风险涉及企业在需要时无法足够快速地转换资产为现金或满足其负债义务的能力。通过使用财务模型、历史数据分析和市场趋势预测，企业可以对这些风险进行量化评估，从而更好地理解和管理潜在的财务影响。

随后，基于风险评估的结果，企业需要制定有效的风险缓解策略。多元化投资是一种常见的策略，通过投资于不同的资产类别、地区或行业，企业能够分散特定市场或行业的风险，减少潜在损失。此外，保险也是管理特定风险（如财产损失、诉讼等）的有效手段。对于市场风险和信用风险，企业还可以通过交易衍生品（如期货、期权和掉期合约）来对冲，锁定成本和收益，降低价格波动的影响。

总之，通过系统地识别和评估财务风险，并制定和执行有效的风险缓解策略，财务决策支撑系统为企业提供了一种方法论，帮助企业在不确定的市场环境中保持财务稳健，支持企业的长期发展目标。这要求企业不仅要有强大的财务分析能力，还需要具备前瞻性的风险管理观念和跨部门的协同合作。

二、大数据预测分析在财务决策支持中的应用

(一) 预测分析在资金管理中的应用

在企业运营中，现金流的管理是维持日常运作、支持长期增长和规避财务危机的关键。现金流，即企业在一定时期内现金的流入和流出，直接影响到企业的流动性、偿债能力和投资能力。没有足够的现金流，企业可能无法及时支付债务、采购原材料，甚至影响到员工工资的支付，从而危及企业的生存。因此，准确预测现金流的走向，对于企业制定有效的财务策略和决策具有至关重要的意义。

预测分析技术的应用，使得企业能够基于历史数据和市场趋势，预测未来一段时间内现金流的情况。这包括对短期和长期现金流的预测，帮助企业提前规划资金的使用和调配情况，确保有足够的现金支持日常运营和应对未来的不确定性。

在短期现金流预测中，企业通常关注未来几周或几个月内的现金流入和流出情况。这涉及对客户付款时间、供应商付款要求、即将到来的税务支付等的预测。使用时间序列分析等预测技术，企业可以基于过去的现金流模式，预测短期内的现金需求，从而优化现金管理，避免现金短缺。

长期现金流预测则更关注企业在未来几年内的财务状况，涵盖了更广泛的财务活动，包括投资项目、融资安排以及业务扩展计划等。通过回归分析、经济模型等技术，企业可以评估长期项目的财务可行性，制定资金筹集和使用的策略，确保企业的持续发展和增长。

总之，现金流的有效管理对企业至关重要，而预测分析技术的应用则为企业提供了一种强有力的工具，帮助企业更准确地预测和规划现金流，从而做出更有见地的财务决策。通过对短期和长期现金流的准确预测，企业不仅能够确保日常运营的顺利进行，还能够在复杂多变的市场环境中保持竞争力和增长潜力。

(二) 资金需求规划

在当今数据驱动的商业环境中，大数据分析已成为财务决策支撑的一个重要组成部分，尤其是在资金需求规划方面。随着企业需求持续增长，了解业务扩展对资金需求的具体影响变得尤为关键。此外，利用预测分析来规划未来的资金需求，可以为企

业提供更加科学和精准的财务规划支持。

1. 业务增长与资金需求

业务的增长往往伴随着对更多资金的需求,无论是为了扩大生产规模、进入新市场、增加研发投入还是提升存货水平。随着销售额的增加,企业可能需要更多的流动资金来满足运营需求,并可能面临新的资本支出,用于购买设备或建设新的生产设施。因此,准确评估业务增长对资金需求的影响,对于避免资金短缺和确保企业能够抓住增长机会至关重要。

2. 用预测分析进行资金规划

借助大数据分析,企业可以更准确地预测未来的资金需求。通过收集和分析历史财务数据、市场趋势、客户行为以及宏观经济指标,预测分析工具能够帮助企业识别潜在的增长机会和资金需求。这些分析不仅包括对未来收入和支出的预测,也涵盖了对现金流的预测,帮助企业制定更为合理的资本投资计划和财务规划。

通过利用预测分析,企业可以提前规划资金的筹集和使用,避免因资金不足而错失增长机会,或因资金过剩而造成资本的低效使用。例如,如果预测分析显示未来某一时期将有较大的资金需求,企业可以提前进行融资安排,选择最优的融资方式和时机。同时,预测分析还可以帮助企业优化其财务结构,通过债务和股权的合理搭配,降低融资成本,提高资本效率。

总之,大数据分析在资金需求规划方面为企业提供了强大的决策支撑。通过深入分析业务增长对资金需求的影响,并利用预测分析技术进行资金规划,企业可以更好地应对未来的挑战,实现可持续发展。这要求企业不仅要掌握先进的数据分析技术,还需要具备全面的市场洞察和财务规划能力。

(三)风险管理

在现代企业经营活动中,大数据分析在财务决策支撑体系中扮演着越来越重要的角色,特别是在风险管理领域。通过运用预测分析技术,企业能够提前识别和应对各种财务风险,从而保护企业免受潜在损失。

1. 财务风险识别

预测分析使企业能够通过分析大量的历史数据和实时数据来识别潜在的市场风

险、信用风险和流动性风险。例如，通过分析市场趋势、宏观经济指标和行业动态，企业可以预测市场波动，从而识别市场风险。信用风险识别则涉及分析客户的信用历史、支付行为和财务状况，以评估违约的可能性。至于流动性风险，预测分析可以帮助企业预测未来的现金流入和流出情况，确保企业能够满足短期财务义务。

2. 风险缓解策略

基于预测分析的结果，企业可以制定有效的风险缓解策略来降低潜在风险对企业的影响。多元化投资是一种常见的风险管理策略，通过在不同的资产、市场和行业之间分散投资，可以降低单一市场或行业波动对整体投资组合的影响。此外，企业还可以利用保险产品来转移或减轻特定风险，例如财产损失、责任风险和业务中断等。对于市场风险和信用风险，企业也可以通过交易衍生品，如期货、期权和掉期合约等金融工具进行对冲，锁定成本和收益，减少财务波动。

总之，大数据分析为企业提供了一种强大的工具，以科学的方法识别和管理财务风险。通过利用预测分析技术，企业不仅能够及时发现风险并评估其潜在影响，还能够制定有效的风险缓解策略，从而保护企业免受不利影响，支持企业的稳健发展和长期成功。这要求企业不仅要有能力处理和分析大量数据，还需要具备深入的市场洞察和风险管理知识。

（四）预测分析与投资决策支持

在当今数据驱动的商业世界中，大数据分析成为财务决策支撑系统的核心组成部分，尤其在投资机会识别方面发挥着关键作用。通过运用预测分析技术，企业能够深入分析市场趋势和行业特性，从而发掘潜在的投资机会和评估投资价值。

1. 市场趋势分析

市场趋势分析是通过收集和分析大量市场数据，利用预测分析技术如时间序列分析、机器学习算法等，来识别市场的长期趋势和周期性波动。这些技术能够帮助企业洞察市场的发展方向，预测未来的市场变化，从而在竞争中占据先机。例如，通过分析消费者行为数据和经济指标，企业可以预测特定产品或服务的需求增长，识别潜在的投资机会。

2. 行业分析

行业分析则更加专注于评估特定行业内的增长潜力和风险。通过收集行业相关的数据，如行业报告、竞争对手财务状况、技术发展趋势等，企业可以利用大数据分析工具进行深入的行业研究。这种分析不仅包括对行业历史表现的评估，也涉及对行业未来发展趋势的预测，帮助企业理解行业内的竞争格局、市场需求和潜在风险。基于这些分析，企业可以判断特定行业的投资价值，制定相应的投资策略。

综上所述，市场趋势分析和行业分析是大数据分析在投资机会识别中的两个关键应用领域。通过利用预测分析技术，企业不仅能够发现并把握投资机会，还能够更加精确地评估投资的潜在回报和风险。这种基于数据的决策支撑方式，为企业提供了一个科学、系统的投资决策框架，显著提高了投资决策的质量和成功率，为企业的长期发展奠定了坚实的基础。

第三节　大数据风险管理与财务共享

一、传统财务管理中的风险管理方法

在财务管理领域，对风险的识别、评估和管理是至关重要的一环，它直接影响到组织的财务稳定性和持续增长的能力。

（一）风险识别

1. 目标和背景分析

在财务管理中，风险管理的首要任务是明确管理活动的范围、目标及其背景。这涉及对组织的整体财务目标、风险承受能力的评估，以及风险管理计划旨在保护的财务资产和资源的确定。组织需要评估其对各种财务风险（如市场风险、信用风险、流动性风险等）的敏感度，以确定风险管理的优先级。

2. 信息收集

在财务管理的背景下，有效的风险管理始于对财务数据、市场动态、法规变化等信息的全面收集。这可能包括对过往财务报表的分析、监测市场趋势，以及与公司高级管理人员和财务分析师的访谈。此外，利用金融技术工具收集和分析竞争对手的财务策略和市场表现也是至关重要的。这些信息的收集为后续风险评估提供了坚实的数

据基础，确保风险管理决策的信息充分性和时效性。

3. 风险来源识别

在财务管理中，识别风险来源要求组织对其内部财务流程和外部市场环境有深刻的了解。这包括对市场风险（如利率变化、汇率波动）、信用风险（如客户违约风险）、流动性风险（如资金不足以满足短期负债）以及操作风险（如欺诈或系统失败）的识别。特别是在全球化经营的背景下，跨境交易引入的政治和汇率风险，以及供应链中的中断风险，都需要细致分析和管理。通过对这些内外部风险源的识别，组织能够更精确地定义风险管理计划的重点区域，为采取相应的风险缓解措施奠定基础。

通过这一系列的风险识别过程，财务管理者能够为组织构建一个更加稳健的财务风险管理框架，不仅能够应对当前的风险挑战，也能够预见和准备未来可能出现的风险，从而保护组织的财务健康和促进其长期发展。

在财务管理的范畴内，对于风险的评估和量化是确保组织财务稳定性和可持续增长的关键环节。

（二）风险评估和量化

1. 风险评估方法

在财务管理中，风险评估是一个多维度的过程，旨在全面了解风险的性质及其对组织的潜在影响。定性评估方法，如SWOT分析（优势、劣势、机会、威胁分析）和风险矩阵，是理解风险特性和潜在影响的重要工具。这些方法能帮助管理层识别和讨论风险，从而促进对风险影响的深入理解。例如，SWOT分析可以帮助财务管理者识别外部市场变动对公司财务表现可能产生的威胁，以及内部财务控制的劣势。

定量评估方法，如敏感性分析和概率论，进一步为风险提供数值估计，使风险管理更加精确。敏感性分析揭示了特定变量变化对财务结果可能产生的影响，而概率论方法则评估特定风险发生的可能性及其对组织财务影响的大小。这些方法使得风险评估不仅限于主观判断，而是基于实际数据和统计分析，从而为风险管理提供了客观的量化依据。

2. 风险量化

风险量化是通过使用概率论和统计学方法来估计风险发生的可能性及其对组织财

务的具体影响。这包括对不同风险因素如市场波动、信用风险、流动性约束等的详细分析，以及这些因素对收入、成本、现金流等财务指标的影响评估。通过这种方法，财务管理者可以将风险的潜在影响转化为量化的财务指标，如预期损失或收益的波动范围，为决策提供坚实的数据支持。

3. 优先级分配

量化风险之后，接下来的关键步骤是为这些风险分配优先级，这通常基于风险的严重程度和发生概率。在财务管理中，优先级的确定依赖于风险对组织财务目标达成的潜在威胁程度。优先级的风险可能对公司的现金流、利润率、资产负债表等产生显著影响，需要立即采取行动进行管理。通过这种方式，组织能够确保有限的资源被分配到最需要关注的风险上，从而最大限度地提高风险管理的效率和效果。

通过上述风险评估和量化过程，财务管理者能够对组织面临的风险有一个全面和深入的了解，进而制定出更为有效的风险管理和缓解策略，保障组织的财务健康和长期成功。

在财务管理的框架内，确定和实施有效的风险控制策略是确保组织财务稳定性和持续增长的关键。

（三）风险控制策略

1. 风险避免

在财务管理中，对于那些可能对组织的财务健康造成重大威胁的高风险活动，最直接的控制策略就是避免这些风险。例如，如果某个投资项目的市场研究显示潜在的损失远远超过预期收益，组织可能决定不参与该项目。风险避免意味着做出选择，以避免那些风险高于组织风险承受能力的活动，从而保护组织免受可能的财务损失。

2. 风险减少

风险减少策略旨在通过预防措施和缓解策略来降低风险的可能性或其对组织的影响。在财务管理中，这可能包括改进内部控制流程、加强员工的财务管理培训、实施更严格的预算控制，或采用高级的财务分析工具来更好地预测和管理财务风险。例如，通过定期审计和财务监控，组织可以及时发现和纠正可能导致财务损失的问题。

3. 风险转移

风险转移是一种将潜在损失转嫁给第三方的策略。在财务管理中，这通常涉及购买保险来保护组织免受特定风险（如火灾、盗窃或诉讼）的影响，或通过合同协议将特定风险转移给供应商、合作伙伴或其他业务实体。例如，通过进口商品的信用保险，公司可以保护自己免受外国买家违约的风险。

4. 风险接受

对于那些低概率发生或影响较小的风险，组织可能选择接受这些风险，并为可能的后果做好准备。这种策略是基于对风险和收益的评估，认为采取行动去避免或减少这些风险的成本超过了潜在的损失。在这种情况下，财务管理者会为这些风险留出适当的财务缓冲，比如设置应急基金，以应对可能发生的财务波动。

通过这些风险控制策略，财务管理者能够在不同情境下采取最合适的行动来保护组织的财务健康。通过风险避免、风险减少、风险转移和风险接受的组合应用，组织能够有效地管理和缓解财务风险，从而促进其稳健的财务表现和长期成功。

（四）风险监控和报告

1. 持续监控

持续监控是风险管理过程中的核心环节，涉及建立和维护一个综合的监控系统，该系统能够实时跟踪和评估风险指标及风险管理计划的执行情况。在财务管理上，这意味着监控那些对财务表现有重大影响的关键风险指标，如现金流量的变化、负债水平、投资回报率以及市场波动等。通过这种持续监控，组织能够快速识别风险水平的任何变化，并评估现有风险控制措施的有效性，确保及时采取行动以维护财务稳定和安全。

2. 性能评估

性能评估是通过定期回顾和分析风险管理策略及其执行结果来完成的。这包括评估风险缓解措施的有效性，比如某些风险控制措施是否成功减少了预期的损失，或者某些风险是否被过度或不足控制。财务管理者需要通过对比实际结果与预期目标，来确定是否需要调整风险管理策略或控制措施。这种评估过程有助于揭示风险管理计划的任何弱点，为未来的风险管理决策提供依据。

3. 报告和沟通

有效的风险报告和沟通机制确保风险监控和评估结果能够被所有相关方理解和利用。这包括定期向管理层、董事会、员工以及必要时向外部利益相关者（如投资者、债权人和监管机构）报告风险状况和管理活动的结果。报告应明确、准确，提供足够的细节来支持透明度和信息共享，同时避免不必要的技术性或专业性术语，确保所有接收者都能理解。此外，有效的沟通策略还包括建立反馈机制，允许利益相关者就风险管理活动提出意见和建议，促进持续改进和适应性调整。

通过上述风险监控和报告流程，财务管理者能够确保组织对财务风险保持高度警觉，并采取必要的措施来保护组织免受财务风险的负面影响。这不仅有助于维护组织的财务健康，也增强了利益相关者的信心，为实现长期的财务目标和组织增长提供了坚实的基础。

二、大数据预测分析与投资风险评估

（一）投资风险的识别

在投资决策过程中，首要步骤是识别潜在的风险。使用大数据预测分析技术，可以通过分析历史数据、市场动态以及其他相关信息来识别投资项目中的潜在风险。这些风险主要包括：

①市场风险。涉及股票价格波动、利率变化、汇率波动等因素，这些都是由市场供需动态决定的。

②信用风险。当借款人或交易对手未能履行约定的财务义务时，可能会给投资者造成损失。

利用大数据技术进行投资风险管理，意味着能够从各种数据源中提取、分析并处理前所未有的数据量。这种技术允许投资者不仅关注于传统的财务指标和市场动态，而且还能够考虑社会、政治、环境等因素对投资的潜在影响。通过高级的数据分析方法，如机器学习和人工智能算法，大数据技术能够识别出复杂数据中的模式和趋势，这些可能是人类分析师难以直接觉察的。

具体来说，大数据技术可以帮助投资者从数十亿条社交媒体帖子、新闻报道、经济报告以及市场数据中迅速识别出对投资决策有影响的信息。例如,通过分析特定行业或公司的舆论趋势,投资者可以预测市场对新产品发布或重大事件的反应,从而提前识别潜在的市场风险或机会。

此外,大数据技术还能够通过历史数据分析,帮助投资者识别和预测信用风险。通过评估借款人过往的财务行为和信用历史,以及类似经济环境下的还款表现,投资者可以对未来的信用风险做出更准确的预判。

大数据技术的应用还包括对市场波动的实时监控和分析,使得投资者能够在市场情绪发生变化时迅速做出反应。这种早期风险预警系统可以极大地提高投资者对突发事件的响应速度,减少潜在的财务损失。

综上所述,大数据技术为投资风险管理提供了一个全面、深入的视角,使得投资者能够在充满不确定性的市场环境中做出更加明智和及时的决策。通过从海量数据中提取有价值的信息,大数据不仅能帮助投资者识别和预警潜在的风险,还能够为风险缓解策略的制定提供坚实的数据支持。

(二) 量化分析

识别风险后,接下来的步骤是利用统计和计量模型对这些风险进行量化。量化分析的目的是评估投资项目的风险收益比,为投资决策提供科学依据。通过量化分析,投资者可以了解到:

①风险的可能大小和发生频率;

②不同风险因素如何影响投资收益;

③投资组合中的风险敞口。

在现代投资风险管理中,大数据技术的应用已成为提升决策质量的核心力量。其关键作用体现在能够处理和分析规模庞大、类型多样的数据集合,从而极大地提高了量化分析的精确度和效率。这种技术的进步意味着投资者不再仅依赖于传统的财务指标和简单的历史数据模型,而是能够利用更复杂、更全面的数据分析,以识别和预测风险。

通过高级的数据挖掘技术和机器学习算法,大数据技术能够在无数的数据点中发现潜在的关联和模式。这包括对市场行为、消费者趋势、宏观经济指标等复杂因素的分析,这些因素通常会影响投资的表现。例如,通过分析社交媒体数据,投资者可以获取市场情绪的即时反馈，预测某个行业或公司股价的未来走势。同样，通过分析宏观经济数据，可以预测经济周期的变化，从而对投资组合进行及时的调整。

此外，大数据技术还可以提高风险量化模型的精度。通过引入更多的变量和数据点，这些模型能够更准确地预测各种风险因素对投资回报的影响，包括市场风险、信用风险以及操作风险等。这种精细化的量化分析不仅能够帮助投资者评估潜在的风险和回报，还能够在制定风险缓解策略时提供指导，如何通过多元化投资、对冲策略等手段来降低风险敞口。

大数据技术的另一个关键贡献是实现了实时分析和监控的可能。在动态变化的市场中，能够实时监测和分析数据对于及时响应市场变化至关重要。这不仅包括对市场价格的监控，还包括对新闻事件、政策变化等可能影响市场的因素的监控。因此，大数据技术提供了一种能力，即在风险发生之前预测和准备，从而保护投资免受未预见事件的影响。

综上所述，大数据技术在量化分析过程中的应用，不仅提升了分析的精确性和有效性，也为投资者在复杂多变的市场环境中做出更加明智的投资决策提供了强大的数据支撑。通过深度分析庞大的数据集合，投资者可以更好地理解和预测市场的动态，从而在风险管理和投资决策过程中取得优势。

（三）风险缓解策略

基于风险识别和量化分析的结果，投资者可以制定相应的风险缓解策略。这些策略旨在降低潜在风险对投资收益的负面影响。常见的风险缓解策略包括：

①多元化投资。通过分散投资于不同的资产类别、地区和行业，可以降低特定市场或行业发生问题时的影响。

②使用衍生品进行对冲。利用期权、期货等金融衍生品可以锁定成本，保护投资免受价格波动的影响。

大数据预测分析技术已经成为制定风险缓解策略不可或缺的工具。这种技术通过综合处理和分析来自各种来源的海量数据，为投资者揭示了市场趋势的深层次动态和复杂性。这不仅涉及对历史交易数据的分析，还包括对社会媒体情绪、政治事件、宏观经济指标等非结构化数据的评估。通过这种全面的分析，投资者能够洞察到市场的微妙变化和潜在风险，从而能够更加精准地预测未来的市场走向。

利用大数据技术，投资者可以识别出那些可能导致市场剧烈波动的因素，如经济政策的变动、突发事件的发生，或是行业内重大变革的预兆。这些信息对于制定有效的风险缓解策略至关重要，因为它们使得投资者能够在市场还未做出反应之前，就采取预防措施，比如通过多元化投资来分散风险，或是利用金融衍生品进行有效的对冲。

此外，大数据分析还能够帮助投资者评估不同缓解策略的潜在效果。通过模拟不同市场情景和风险缓解措施的交互作用，投资者可以更加科学地选择最优策略，无论是调整资产配置，还是采用复杂的金融工具进行对冲。这种方法不仅提高了风险管理的精确度，也增强了投资组合的韧性，使其能够抵御未来市场的不确定性和波动。

大数据预测分析技术的进步，特别是在人工智能和机器学习领域的应用，进一步增强了这种技术在风险管理中的作用。通过自动化的数据分析和学习算法，投资者不仅能够实时监测市场的变化，还能在复杂的数据中发现先前未被注意到的模式和关联，从而更加主动和智能地制定风险缓解策略。

总之，大数据预测分析技术为投资风险管理提供了前所未有的深度和广度。通过对大量数据的综合分析，投资者能够更精准地预测市场趋势，从而为制定和执行最合适的风险缓解方法提供了坚实的基础。这不仅帮助投资者保护自己免受市场波动的不利影响，也为实现长期投资目标提供了更加稳固的平台。

第四章 大数据支持技术与财务共享平台建设

第一节 云计算与财务共享数据存储

一、云计算的基础

(一) 定义云计算及其核心特征

云计算是一种基于互联网的计算方式,它允许个人和企业通过网络访问共享的计算资源(如服务器、存储、应用程序和服务),而无须直接管理物理服务器或运行本地数据中心。云计算的核心特征包括:

①弹性伸缩(Scalability)。用户可以根据需要增加或减少资源,系统会自动调整,确保高效和经济的资源使用。

②按需自助服务(On-demand Self-service)。用户可以根据需求自助配置并即时获取计算资源,无须人工干预。

③资源池化(Resource Pooling)。云服务提供商将计算资源集中起来,为多个用户提供服务。资源分配根据需求动态调整,位置通常是透明的。

(二) 分类云计算服务模型及其对财务数据管理的意义

云计算服务模型主要分为三类:

①基础设施即服务(Infrastructure as a Service,IaaS)。提供虚拟化的计算资源,如服务器、存储和网络。用户可以在这些基础设施上部署任何操作系统或应用程序。对于财务数据管理而言,IaaS 提供了灵活、可扩展的基础设施,有助于减少物理硬件

的投资和维护成本。

②平台即服务（Platform as a Service，PaaS）。提供编程语言、工具和库，用户可以在此基础上开发、测试和部署应用程序。PaaS 为财务应用的快速开发和部署提供了平台，使企业能够更加专注于应用创新而非基础设施管理。

③软件即服务（Software as a Service，SaaS）。提供通过互联网访问的应用软件服务。用户不需要安装应用程序在本地设备，可以通过网络访问。对财务共享而言，SaaS 模式使得财务软件和工具更加易于获取和使用，支持远程工作、数据共享和协作，同时降低了软件的拥有和维护成本。

通过采用这些云计算服务模型，企业能够实现财务数据管理的数字化转型，提高数据处理的效率和灵活性，同时加强数据安全性和合规性。云计算的引入为财务共享服务提供了强大的技术支持，促进了财务操作流程的优化和自动化，从而为企业的战略决策提供了有力的数据支持。

二、财务共享服务中的数据管理挑战

财务共享服务（FSS）模式旨在通过集中化的方式提升财务管理的效率和效果，但在传统的财务共享服务实践中，数据管理常常面临一系列挑战，这些挑战直接影响到财务管理的效率和安全性。

（一）数据存储与处理的挑战

1. 存储容量限制

随着企业业务的快速扩张，所产生的财务数据量也在快速增长。这些数据包括但不限于日常交易记录、财务报表、审计文件等。在传统的财务共享服务模式中，数据存储通常依赖于本地服务器或专用数据中心。这种模式在初期可能能满足需求，但随着数据量的增加，原有的存储方案很难迅速扩展以应对存储需求的变化，进而导致存储空间不足。存储容量的限制不仅影响数据的保存和备份，还可能导致重要数据的丢失，给企业带来不可估量的风险。

2. 数据处理能力

在传统的财务共享服务体系中，数据处理能力高度依赖于本地的硬件和软件资源。这包括数据的收集、整理、分析以及报告生成等一系列复杂的处理流程。随着财务数据量的激增，大量的数据处理任务会对现有的系统资源提出更高的要求。如果数据处理能力跟不上数据增长的速度，可能会导致系统响应缓慢、处理队列过长，甚至系统过载崩溃。这不仅严重影响数据处理的效率和及时性，还可能导致数据处理的准确性受损，进而影响财务决策的质量和企业的运营效率。

（二）安全性挑战

1. 数据安全与隐私保护

在传统财务共享服务中，数据安全和隐私保护常常是重大的挑战。财务数据不仅是企业运营的核心，也常含有敏感信息，比如员工的薪酬细节、公司的财务状况和盈利情况等。这些信息若泄露，不仅可能对企业声誉造成损害，还可能给企业带来法律诉讼风险。在传统模式下，数据往往存储在本地服务器或数据中心，其安全防护措施可能因资源限制而不充分，使得数据容易遭受黑客攻击、内部人员滥用等安全威胁。此外，数据的备份和恢复机制可能也不够健全，一旦数据丢失或损坏，恢复过程可能既费时又复杂。

2. 合规性风险

随着全球对数据保护意识的增强，各国和地区相继推出了更为严格的数据保护法规，如欧盟的通用数据保护条例（GDPR）等。这些法规对数据的处理、存储和传输提出了严格的要求，迫使企业必须审慎处理财务数据，确保所有操作符合法律法规。在传统财务共享服务模式中，确保每一步操作都符合日益复杂的法规要求是一大挑战。非合规的数据处理活动不仅可能受到重罚，还可能影响企业的市场声誉。

通过采用云计算技术，企业不仅能够提升财务数据的安全性和隐私保护水平，还能更好地应对合规性风险，为财务共享服务的安全和可持续发展提供坚实的技术支持。

（三）数据孤岛

1. 信息隔离

在传统的财务管理体系中，企业往往会遇到信息隔离的问题，即数据被孤立地存储在不同的部门或地区。这种情况通常发生在大型企业或跨国公司中，其中各个业务单元可能使用不同的财务管理系统和数据库，造成数据分散和隔离。信息隔离不仅导致数据的重复录入，还可能引起数据版本的不一致，使得整个组织无法获得一个统一、准确的数据视图。这种数据的孤立状态严重影响了数据的完整性和一致性，为财务分析和决策带来了额外的挑战。

2. 数据整合难度

数据孤岛现象进一步加剧了数据整合的难度，尤其是跨部门或跨地区的数据整合。由于各个孤岛之间缺乏有效的数据共享和通信机制，将分散的数据集中起来进行全面分析变得极其困难。这种分散的数据环境限制了数据分析的全面性和深度，使得企业难以从整体上把握财务状况和业务表现。此外，数据整合的困难还增加了财务报告的准备时间，降低了报告的时效性，进而影响了管理决策的速度和质量。

（四）访问效率与数据一致性问题

1. 访问效率

在传统的财务共享服务模式中，数据的获取和访问效率常常成为影响决策时效性的关键因素。数据存储在分散的系统或物理位置，使得财务团队在获取所需信息时面临挑战。例如，财务分析师可能需要从多个不同的系统中收集数据以进行综合分析，这个过程既耗时又低效。此外，对于那些需要远程访问财务数据的员工，传统的财务共享服务可能因为网络延迟或限制的访问权限而导致进一步的访问效率问题。这种低效的数据访问模式延缓了决策过程，限制了企业对市场变化的快速响应能力。

2. 数据一致性

数据一致性是维护财务报告准确性的另一个关键问题。在多系统环境下，由于缺乏有效的数据更新和同步机制，不同系统或部门之间的数据可能会出现不一致的情况。例如，销售部门和财务部门可能会因为更新频率和时间差异而对同一时间点的销售收入有不同的记录。这种数据不一致不仅影响了财务报告的准确性，还可能导致错误的财务分析和决策，从而对企业的运营和战略规划产生负面影响。

这些挑战不仅增加了财务共享服务的运营成本，还可能影响企业的决策质量和业务发展。因此，寻找有效的数据管理解决方案，如利用云计算技术，成为提升财务共享服务效率和安全性的关键。通过云计算，企业可以获得弹性的存储空间、强大的数据处理能力，以及高效安全的数据访问和共享机制，有效应对传统财务共享服务中的数据管理挑战。

三、云计算在财务共享数据存储中的应用

（一）数据存储与备份

1. 云存储的优势

云存储提供了一种灵活、安全且成本效益高的数据存储解决方案。与传统的本地存储相比，云存储可以无缝扩展，支持企业根据实际需求动态增加或减少存储空间，从而避免了过度投资或资源浪费的问题。此外，云服务提供商通常会实施多层次的安全措施，包括数据加密、访问控制和安全审计，确保存储在云中的财务数据得到充分保护。

2. 云备份与灾难恢复

云备份和灾难恢复策略是确保财务数据安全和业务连续性的关键组成部分。通过在云中备份关键数据，企业可以在面临数据丢失或系统故障时迅速恢复运营。云平台提供的灾难恢复解决方案能够自动同步数据副本至多个地理位置，即使在发生自然灾害或其他突发事件时，也能保证数据的可用性和完整性。

（二）数据处理与分析

1. 支持大数据处理和实时分析

云计算平台通过提供强大的计算能力和高效的数据管理工具，支持对海量财务数据进行快速处理和实时分析。这使得财务团队能够及时生成财务报告，提升了报告的时效性和准确性。云平台上的弹性计算资源可根据数据处理需求自动扩展，确保复杂的数据分析任务可以高效完成，支持财务决策的快速制定。

2. 助力财务决策和风险管理

云平台上的数据分析工具为财务决策和风险管理提供了有力支持。这些工具能够对财务数据进行深入分析，识别趋势、异常和潜在的风险点，帮助企业更好地理解其

财务状况和市场环境。此外，通过利用机器学习和人工智能技术，云平台能够提供预测分析，帮助企业预测未来的财务表现，制定更为科学的财务规划和风险管理策略。

综上所述，云计算技术为财务共享服务提供了一系列优化数据存储、备份、处理和分析的解决方案，不仅提升了数据管理的效率和安全性，还为财务决策和风险管理提供了有力的技术支持。通过利用云计算，企业能够实现财务数据管理的数字化转型，提升财务管理的质量和效率。

（三）数据访问与协作

1. 实现数据的随时随地访问

云平台通过提供基于网络的数据存储和应用服务，极大地提升了数据访问的灵活性和便利性。无论是在办公室、家中还是途中，只要有互联网连接，财务团队成员就能随时随地访问所需的财务数据和应用，实现高效的远程工作。这种无缝的数据访问方式不仅提高了工作效率，还支持了跨地域的团队协作，使得财务项目管理、决策制定和报告编制等工作可以在全球范围内协同进行。

2. 支持远程工作和团队协作

云平台支持的协作工具和服务使得远程工作成为可能。通过云端的文档共享、实时编辑和通信工具，团队成员可以轻松协作处理财务任务，共享财务报表和分析结果，及时沟通决策信息。这种协作模式不仅加快了工作流程，还增强了团队成员之间的互动和协同效率，有助于提升整体的财务管理效能。

3. 提高数据访问的安全性和合规性

云服务提供商通常采用多层次的安全措施来保护存储在云中的数据，包括数据加密、安全认证、防火墙等技术，以防止未授权访问和数据泄露。此外，云平台上的权限管理功能允许企业精细地控制对财务数据的访问权限，确保只有授权的用户才能访问敏感信息，从而降低数据被滥用的风险。

云服务还提供审计跟踪功能，记录所有对数据的访问和操作行为，包括谁在什么时间访问了哪些数据，进行了何种操作等。这不仅有助于追踪数据流动和使用情况，还是满足法规合规性要求、进行内部审计和风险评估的重要工具。

综上所述，云计算技术通过提供灵活的数据访问方式、支持远程工作和团队协作的协作工具，以及强大的安全性和合规性措施，为财务共享服务带来了巨大的价值。这些优势不仅提升了财务管理的效率和效果，还确保了财务数据的安全和合规性，支持企业实现更加高效和安全的财务共享服务。

第二节 区块链技术与财务共享安全

一、区块链技术与财务共享

（一）定义区块链技术及其核心特性

区块链技术是一种分布式账本技术，通过加密和共识机制在多个参与者之间安全地记录、存储和传输数据。它的核心特性包括：

①去中心化。区块链技术通过分布式网络结构去除了中心化管理实体的需要，每个网络参与者都拥有数据的完整副本，从而增强了系统的鲁棒性和抗攻击能力。

②不可篡改性。一旦数据被记录在区块链上，就无法被修改或删除。每个区块都通过加密算法与前一个区块相连，任何试图篡改数据的行为都会被网络其他节点检测到，从而保证了数据的完整性。

③透明性。虽然区块链上的交易数据对所有参与者可见，但参与者的身份可以通过加密手段保持匿名。这种机制提供了数据共享的透明度，同时保护了用户隐私。

（二）区块链技术在保障数据完整性和安全性方面的优势

区块链技术在财务共享服务中的应用，尤其是在保障数据完整性和安全性方面，提供了显著的优势：

①增强数据安全。通过去中心化和加密技术，区块链极大地降低了数据被篡改或泄露的风险。每笔交易都需要网络参与者（或称为节点）的验证，任何未经授权的修改都会被系统拒绝。

②提升数据完整性。区块链上的数据一旦被验证并添加，就无法更改或删除，确保了财务记录的永久性和不可篡改性。这对于财务审计和合规性检查尤为重要，因为它提供了一个可靠和透明的财务数据来源。

③促进透明度与信任。区块链的透明性特性使得所有授权的参与者都可以实时查看交易历史，这不仅有助于增强内部管理的透明度，也为企业与外部审计者、监管机构之间建立信任提供了基础。

综上所述，区块链技术通过其去中心化、不可篡改性和透明性等核心特性，在保障财务数据的完整性和安全性方面提供了重要优势。在财务共享服务领域，这意味着能够提供一个更加安全、可靠和高效的数据管理和交易环境，支撑企业实现更高水平的财务管理和运营效率。

二、财务共享服务的安全挑战

（一）数据安全和隐私保护挑战

在传统的财务共享服务模式中，企业不仅需要管理和处理庞大的财务数据，还必须确保这些数据的安全性和隐私性。面对日益复杂的网络环境，这些挑战变得尤为严峻。

1. 数据存储安全性

传统模式下，财务数据的集中存储方式虽然在管理上带来了便利，但也集中了风险。服务器或数据中心一旦遭受黑客攻击甚至是自然灾害等不可抗力事件，可能会导致大量财务数据的泄露、损坏或丢失。这种数据安全事件不仅对企业财务造成直接的经济损失，还可能损害企业的商誉，影响客户和投资者的信心。因此，如何提升数据存储的安全性，防止数据泄露和损失，成为企业亟须解决的问题。

2. 数据传输安全性

财务数据在共享和传输过程中的安全性同样不容忽视。在没有充分加密保护的情况下，敏感的财务信息在传输过程中很容易被第三方截获和窃取。这种安全漏洞可能被利用来进行财务欺诈、勒索等犯罪行为，进一步加剧了企业面临的安全威胁。确保财务数据在传输过程中的加密和安全，对于维护企业财务安全和信息隐私至关重要。

3. 隐私保护

财务数据中包含了大量敏感信息，如员工个人薪资、公司财务状况、投资决策等，这些信息的隐私性必须得到严格保护。一旦这些敏感信息被泄露，不仅会对个人隐私造成侵害，还可能导致企业面临法律诉讼和声誉风险。随着数据保护法规（如GDPR）的实施，企业在处理财务数据时必须更加谨慎，以确保符合法律法规的要求，避免因隐私泄露引发的法律责任和负面影响。

区块链技术，作为一种新兴的解决方案，其去中心化、不可篡改和加密保护的特性为解决上述安全挑战提供了新的可能性。通过区块链技术，企业能够实现财务数据的安全存储、安全传输和隐私保护，从而提升财务共享服务的安全性和可靠性。在区块链的帮助下，财务数据管理可以变得更加透明而安全，有效避免数据泄露、欺诈和不一致性等问题，支撑企业实现更高效、更安全的财务共享服务。

（二）数据泄露、欺诈和不一致性的影响

财务共享服务在促进企业财务管理效率和成本优化方面发挥着重要作用，然而在传统模式下，数据安全挑战给企业运营带来了严重影响，具体包括：

①数据泄露。财务数据泄露对企业来说是一场灾难。泄露的数据可能包括但不限于员工个人信息、客户账户详情、公司的财务状况和交易记录等。这些信息一旦外泄，不仅损害公司的商业机密，降低市场竞争力，更可能破坏客户和市场对企业的信任，给企业品牌带来不可逆转的负面影响。对于上市公司，财务数据泄露还可能引起市场恐慌，导致股价大幅波动，影响公司的市值。

②财务欺诈。财务数据的安全漏洞为不法分子提供了可乘之机，他们可能通过伪造财务报告、盗用公司资金等手段进行财务欺诈。这些欺诈行为不仅直接对公司财务造成损失，还可能使公司卷入复杂的法律诉讼中，耗费大量的时间和资源，严重时甚至影响公司的正常运营。长期来看，财务欺诈事件会对公司的信誉和市场地位造成长期的负面影响。

③数据不一致性。在没有有效的数据安全和同步机制的情况下，财务数据很容易出现不一致的情况，尤其是在多系统和跨地域的财务共享环境中。数据的不一致性不仅影响财务报告的准确性，增加了财务审计的难度，还可能误导管理层的决策制定，影响企业的战略规划和业务发展。此外，数据不一致性也会影响企业对外的财务报告质量，影响投资者和其他利益相关方的信心。

面对这些挑战，区块链技术以其独特的去中心化、不可篡改和透明性特点，为财务共享服务提供了新的解决方案。通过利用区块链技术，企业可以在保障数据安全的同时，有效防止财务欺诈，确保数据的一致性和准确性，从而为企业的可持续发展提

供坚实的数据支撑。

综上所述，传统财务共享服务模式中的数据安全和隐私保护挑战不仅对企业的财务管理造成直接影响，还可能对企业的整体运营和长期发展产生深远的负面影响。因此，寻找有效的技术解决方案，如利用区块链技术来提升财务数据的安全性和一致性，成为企业优化财务共享服务、提升企业竞争力的重要方向。

三、区块链技术在财务共享中的应用

（一）提升数据安全性

1. 加密和去中心化存储提升数据安全性

区块链技术通过其独特的加密机制和去中心化的存储方式，在提升财务数据安全性方面发挥着关键作用。每一笔财务交易数据在区块链上的记录都是经过强加密处理的，这意味着数据在传输和存储过程中均处于加密状态，即使数据被拦截，未经授权的个体也无法解读数据内容。此外，去中心化的数据存储机制意味着财务数据不是存储在单一的服务器或位置上，而是分布在整个区块链网络的多个节点中。这种分布式的存储结构大大降低了去中心化存储系统中存在的单点故障风险，即使部分节点遭受攻击，数据也能得到保护，从而有效抵御黑客攻击。

2. 防止数据篡改，保障信息完整性

区块链技术在保障财务信息完整性方面的能力主要体现在其数据不可篡改的特性上。在区块链上，一旦交易数据被验证并添加到区块中，就会被永久记录，且无法被更改或删除。每个区块都包含了一定数量的交易，且通过加密的哈希值与前一个区块连接，形成一个不断延伸的链。这种结构使得对任何一个区块的数据进行修改都需要重新计算该区块及其后所有区块的哈希值，这在计算上是不可行的，除非能控制网络中超过50%的计算能力，这在实际操作中几乎是不可能实现的。因此，区块链能够有效防止财务数据的篡改，确保财务信息的完整性和准确性。

综上所述，区块链技术通过加密处理和去中心化存储机制提升了财务数据的安全性，而其数据不可篡改的特性则保障了财务信息的完整性。这些特性使得区块链成为提高财务共享服务数据安全性的有力工具，有助于企业构建一个更加安全、透明的财务管理环境。

（二）增强透明度和可追溯性

1. 提供全面的交易记录和审计轨迹

区块链技术通过其去中心化的账本，为每一笔财务活动提供了不可篡改的记录，从而大幅增强了财务活动的透明度。在区块链上，每一笔交易都会被记录下来，并包含详细的交易信息，如交易双方、金额、时间戳等。这些信息对所有参与网络的成员都是可见的，确保了交易的透明性。此外，由于区块链的数据结构特性，这些交易记录一旦被加入区块后，就无法更改或删除，为财务审计提供了完整且可信的审计轨迹。这种机制不仅有助于增强内部财务管理的透明度，也便于外部审计和监管机构进行高效的审计和监督。

2. 实时监控和自动化合规检查

利用区块链技术，企业可以实现对财务活动的实时监控以及自动化的合规检查。区块链网络可以被配置为在特定条件下自动触发警报或执行合规检查，这些条件可能包括异常交易模式、超出预定限额的交易等。这种实时监控机制使得财务团队能够及时发现并处理潜在的财务风险或不合规行为。

同时，通过智能合约，区块链能够在确保交易自动执行的同时，也自动确保这些交易符合既定的规则和标准。智能合约是一种自执行的合约，其中合约条款直接写入代码中。在财务共享服务中，智能合约可以用来自动化执行合同条款，如自动结算、支付等，同时确保所有交易都严格遵守相关的财务规则和法规。这种自动化的合规检查机制大大减少了人工干预的需要，提高了合规性检查的效率和准确性。

综上所述，区块链技术通过提供全面的交易记录和审计轨迹，以及支持实时监控和自动化合规检查，显著增强了财务活动的透明度和可追溯性。这些特性不仅有助于提升财务共享服务的效率和可靠性，还能帮助企业更好地管理财务风险，确保财务活动的合规性。

（三）促进自动化和降低成本

1. 区块链智能合约在自动执行财务协议和交易中的应用

区块链智能合约是自动执行合约条款的编程代码，它们运行在区块链上，无须第三方的介入即可自动执行预定的财务协议和交易。智能合约的使用可以显著减少财务共享服务中的人工干预和操作错误,提高交易的准确性和效率。例如,智能合约可以用于自动处理付款、清算和结算过程,一旦交易双方满足合约条件,相关的财务操作就会自动执行。这种自动化不仅缩短了交易周期,还减少了因人为操作失误造成的财务风险。

2. 优化交易流程以降低运营成本和提高效率

区块链技术通过提供一个去中心化的平台,可以有效优化财务共享服务中的交易流程,降低运营成本并提高效率。在区块链上,财务交易可以直接在交易双方之间进行,无须传统财务流程中的中介机构如银行或清算所,从而减少了交易成本和时间延迟。此外,区块链提供的透明度和数据一致性也有助于减少交易过程中的纠纷和审核成本。

通过简化和自动化交易流程,企业可以实现更高效的财务操作,降低因手工处理和复杂流程导致的额外成本。例如,利用智能合约自动化的发票处理和付款流程不仅减少了财务部门的工作负担,还加快了支付速度,提高了供应链的效率。此外,区块链技术还可以帮助企业改善现金流管理,优化资金使用,进一步降低财务成本。

综上所述,区块链技术通过智能合约促进财务共享服务的自动化,并通过优化交易流程降低运营成本和提高效率。这些优势不仅帮助企业实现财务流程的高效管理,还为企业带来了显著的经济效益。随着区块链技术的不断成熟和应用,其在财务共享服务领域的潜力将进一步被挖掘和利用。

第三节 可视化技术与财务共享

一、可视化技术概览

(一)定义数据可视化及其在处理大量财务数据中的重要性

数据可视化是将数据和信息转换为图形或视觉表示的过程,它使得复杂的数据集更易于理解和分析。在财务共享服务领域,由于需要处理和分析大量的财务数据,数据可视化成为提高效率和准确性的重要工具。通过将数字数据转换为图表、图形和仪表盘,财务团队能够迅速识别数据模式、趋势和异常,从而做出更加明智的决策。数据可视化还有助于简化报告流程,使得非技术背景的决策者也能轻松理解财务分析结果，加快决策过程。

（二）不同类型的可视化技术及工具

可视化技术和工具的发展为财务数据的呈现和分析提供了广泛的选择，主要包括以下几种类型：

①静态图表。包括条形图、折线图、饼图等传统图表，适用于表示数据的分布、趋势和比例。静态图表是数据报告中最常用的可视化形式，它们简单易懂，能够快速传达关键信息。

②动态图形。利用动画和时间序列变化展示数据的动态图形，可以用来展示数据随时间的变化趋势，如股价波动、销售增长等。动态图形使得财务分析更加生动，有助于观察数据随时间的演变过程。

③交互式仪表盘。交互式仪表盘是一种高级的数据可视化工具，它不仅展示静态和动态图形，还允许用户通过交互操作（如点击、拖拽、缩放等）来探索数据的不同维度和深入分析。仪表盘通常集成了多种数据视图和指标，为管理层提供了一个全面的数据分析平台，支持实时监控财务状况和业绩指标。

这些不同类型的可视化技术和工具，使得财务共享服务中的数据处理和分析更加高效和直观。通过恰当地使用这些技术，企业能够提升财务报告的质量，加强团队间的沟通协作，最终支持更加精准和迅速的财务决策。随着新技术的不断涌现，可视化工具也在不断进化，为财务共享服务带来更多的可能性和机遇。

二、财务共享服务中的可视化数据挑战

（一）数据处理和分析挑战

在财务共享服务中，数据处理和分析的复杂性和分散性构成了两大主要挑战，这些挑战不仅增加了财务管理的难度，还影响了企业决策的准确性和效率。

1. 数据复杂性

财务数据的复杂性源于其广泛的覆盖范围和细节的深度。每一笔财务活动都需要被准确记录和分类，包括日常的收入和支出、投资、借贷以及其他会影响企业财务状况的活动。随着企业规模的增长和业务的多样化，财务数据的体量呈指数级增长，其

结构也变得越来越复杂。这不仅要求财务团队具备高度的专业知识，还需要他们花费大量时间进行数据整理和分析，以确保数据的准确性和可靠性。

2. 数据分散

数据分散是另一个影响财务共享服务效率的重要因素。在许多大型企业或跨国公司中，由于业务和管理结构的分散，财务数据往往散布在不同的地理位置和信息系统中。这种分散性不仅导致了数据孤岛现象，还增加了数据整合的难度，使得从全局角度进行财务分析和决策变得更加困难。此外，数据的不一致性会直接影响财务报告的准确性，进而影响到企业的财务规划、风险管理和战略决策。

（二）影响财务报告的准确性和决策制定的速度

财务共享服务中的数据处理和分析挑战，尤其是数据复杂性和分散性，对财务报告的准确性和决策制定的速度产生了显著影响。

1. 影响财务报告的准确性

数据复杂性和分散性导致的信息遗漏或错误，直接影响财务报告的准确性。财务报告作为企业经营健康的关键指标，其准确性对于内部管理决策、投资者信心、市场竞争力及监管合规都至关重要。不准确的财务报告不仅会误导管理层的决策，还可能损害企业与投资者、债权人和其他利益相关方的关系，影响企业声誉，增加财务和法律风险。例如，若报告高估了公司盈利能力，可能会吸引投资者基于不实信息做出投资决策，一旦真相大白，投资者的信任将大幅下降，企业可能面临诉讼风险及股价下跌。

2. 影响决策制定的速度

在传统的财务共享服务模式中，手动处理和分析庞大而复杂的财务数据集通常耗时且资源密集，这大大延缓了决策过程。在今日快速变化的市场环境中，企业需要迅速做出决策以抓住市场机遇或应对风险挑战。数据处理和分析的低效率直接影响企业的敏捷性和竞争力，可能导致错过关键商业机会或延迟响应市场变动，从而影响企业的业务增长和市场份额。例如，若财务团队无法及时提供准确的现金流预测，企业可能无法及时调整投资策略或融资计划，进而错失投资机会或面临资金压力。

可视化技术通过提供直观的数据表示和分析工具，有助于缓解这些挑战。它能够将复杂的财务数据转换成容易理解的图表和图形，加快数据分析过程，提高分析的准确性，从而支持更快和更准确的决策制定。通过利用可视化技术，财务共享服务不仅能提升报告的准确性，还能加速决策过程，帮助企业提高响应市场变化的速度和效率，增强竞争力。

综上所述，财务共享服务中的数据处理和分析挑战不仅影响了财务报告的准确性，还影响了决策制定的效率和速度。因此，寻找有效的解决方案，如利用可视化技术来降低数据复杂性、整合分散数据，并加速数据分析过程，对于提升财务共享服务的效能和支持企业的快速决策至关重要。通过有效的可视化工具和技术，企业可以更好地管理和分析财务数据，提高报告的准确性和决策的效率。

三、可视化技术在财务共享中的应用

（一）提升数据分析效率

可视化技术通过将复杂的数据集转换为图表、图形和仪表盘，极大地提升了财务数据分析的效率和直观性。这一转变对于财务专业人员理解和分析大量财务数据至关重要。

①快速理解财务数据和指标。在财务共享服务中，财务专业人员经常需要处理和分析大量的数据，包括但不限于收入、成本、利润、现金流等指标。可视化技术通过直观的图表和图形展示这些数据，使得财务人员能够迅速把握数据的核心内容和变化趋势，而无须深陷于烦琐的数字和表格。例如，使用折线图展示销售趋势，或通过饼图展示各部门的成本分布，可以帮助财务人员快速理解复杂的数据结构和关系。

②识别财务趋势和异常值。可视化技术不仅能够展示数据的当前状态，还能帮助财务人员识别数据中的长期趋势和潜在的异常值。通过动态图形和趋势线，财务团队可以轻松观察到业务活动中的周期性变化、季节性波动，或是预算与实际之间的偏差。此外，通过设置阈值和警报，可视化工具能够自动标识出超出正常范围的数据点，帮助财务人员及时发现潜在的财务问题或风险，从而采取相应的管理措施或调整策略。

通过提升数据分析的效率，可视化技术为财务共享服务中的决策制定提供了强大支持。财务专业人员可以更加高效地处理数据，更快地做出基于数据的决策，从而帮助企业在竞争激烈的市场环境中保持敏捷和竞争力。随着可视化工具和技术的不断进步，其在财务共享服务中的应用将越来越广泛，为企业带来更多的价值。

（二）改善报告和沟通

1. 利用可视化技术制作直观易懂的财务报告

可视化技术通过将复杂的财务数据转换为图表、图形和动态仪表盘，大幅提升了财务报告的直观性和易理解性。这种转换使得报告不再是仅包含数字和文字的传统文档，而是变成了包含丰富视觉元素的互动式文档，更容易被非专业背景的读者理解。

①图表和图形。通过使用条形图、折线图、饼图等，可以清晰地展示财务状况、成本分布、收入趋势等关键信息。这些图表和图形能够直观地展示数据之间的关系和比例，使得复杂的数据信息一目了然。

②动态仪表盘。动态仪表盘可以提供实时的数据更新和深度的数据探索功能。通过仪表盘，用户可以根据自己的需要筛选数据、调整视图，甚至深入分析特定的数据点。这种互动性不仅增强了报告的可用性，也提升了报告的参考价值。

2. 促进管理层和利益相关者之间的有效沟通

可视化报告能够极大地促进管理层、团队成员以及其他利益相关者之间的有效沟通。通过提供更加直观和易于理解的数据展示，可视化技术帮助确保所有人都能对财务状况有一个准确的理解，从而在共同的基础上进行讨论和决策。

①提高信息透明度。可视化报告使得财务信息更加透明，帮助管理层和团队成员对企业的财务状况有一个全面和深入的了解。这种透明度对于建立信任、增进团队协作以及制定共同目标至关重要。

②促进跨部门协作。在大型组织中，不同部门可能对同一财务问题有不同的视角和理解。可视化报告通过提供一致的数据视图，帮助不同部门在共同的数据基础上进行沟通和协作，共同寻找解决方案。

③支持决策制定。对于高层管理者和决策者而言，基于数据的决策至关重要。可视化报告提供的直观数据分析和洞察，支持决策者快速把握关键信息，制定更加明智的策略和决策。

综上所述，可视化技术在改善财务报告制作和促进有效沟通方面发挥着重要作用。通过使财务数据更加直观和易于理解，可视化技术不仅提升了报告的质量，也加强了团队之间的协作和沟通，为基于数据的决策制定提供了有力支持。随着可视化工具和技术的不断发展，其在财务共享服务中的应用将变得更加广泛和深入。

(三)支持决策制定

1. 实时财务指标监控

可视化工具通过提供实时的财务指标监控,极大地支持了快速和准确的决策制定。在动态和竞争激烈的市场环境中,企业需要能够迅速响应财务数据变化,以便及时调整策略和计划。可视化工具能够实时展示关键财务指标,如现金流量、收入和支出、利润率等,帮助管理层和财务团队即时了解企业的财务状况。

①快速识别趋势和问题。通过实时监控,可视化工具能够快速识别财务数据中的趋势和潜在问题,如异常支出、收入下降等,从而使企业能够在问题发展成更大风险之前采取措施。

②动态调整策略。实时数据监控还支持企业根据最新的财务表现动态调整其经营策略和财务规划,确保企业资源得到最有效的利用,增强企业的适应性和竞争力。

2. 交互式可视化仪表盘

交互式可视化仪表盘在财务共享服务中的应用对于预算编制、财务规划和性能监控等方面起到了关键作用。仪表盘通过集成多种数据源和财务指标,提供了一个全面和深入的财务数据视图,支持决策者进行详细的数据分析和探索。

①预算编制。仪表盘可以展示历史财务数据和趋势分析,帮助企业在编制预算时考虑到各种影响因素,制定更加科学和合理的预算计划。

②财务规划。通过展示企业的财务健康状况和未来财务预测,仪表盘支持长期的财务规划和战略制定。交互式功能还允许用户模拟不同的财务场景,评估各种决策方案的潜在影响。

③性能监控。仪表盘提供了实时的性能监控功能,使企业能够持续跟踪和评估财务指标与预算目标的匹配程度,及时识别偏差和表现不佳的领域,从而采取改进措施。

综上所述,可视化技术,特别是实时监控和交互式仪表盘,在支持快速决策制定中发挥着至关重要的作用。它们不仅使财务数据分析更加高效和直观,还为企业提供了强大的数据支持,帮助企业在不断变化的市场环境中保持竞争优势。随着可视化技术的进一步发展,其在财务共享服务中的应用潜力将进一步被挖掘。

第五章 财务共享的法律与合规管理

第一节 大数据环境下的财务共享法律框架

在当今快速演变的商业环境中,大数据技术对财务共享服务的影响日益显著。财务共享服务(FSS)作为一种高效的财务管理模式,通过集中化处理企业的财务活动,为企业提供了成本效益高、效率优化的财务管理解决方案。随着大数据的融入,财务共享服务的范围和类型也在不断扩展和深化,为企业带来了前所未有的机遇与挑战。

一、财务共享服务的服务范围与类型

财务共享服务中心通常涵盖了企业财务管理的多个关键领域,包括但不限于以下几个方面。

①账务处理。这是财务共享服务最基本也是最关键的功能之一,包括日常的账务录入、账目核对、资金流管理等。通过将这些活动集中处理,企业能够提高账务处理的效率和准确性,同时降低运营成本。

②财务报告。财务共享服务中心负责编制和整理各类财务报告,如利润表、资产负债表、现金流量表等。大数据技术的应用使得财务报告更加精确、及时,为企业管理层提供了实时的财务状况分析和决策支持。

③预算编制。在财务共享服务模式下,预算编制过程得以标准化和自动化,大数据分析技术还能够提供历史数据分析、预测模型等支持,帮助企业制定更科学、更合理的财务预算。

④财务规划与分析(FP&A)。财务共享服务通过深度分析大量的财务数据,为企业提供财务规划和业绩分析支持。这包括利润分析、成本控制、资本配置等方面,帮

助企业优化财务结构，提高资本效率。

⑤税务管理。税务管理是企业财务管理的重要组成部分，财务共享服务中心通过集中管理，不仅能够确保税务合规性，还能利用大数据分析帮助企业优化税务策略，降低税务风险。

⑥风险管理。在财务共享服务模式下，风险管理变得更加集中和系统化。通过大数据技术，企业能够实时监控财务风险，及时发现潜在的财务问题，从而采取相应的预防或补救措施。

通过整合和优化企业的财务管理流程，财务共享服务不仅能够提高财务管理的效率和质量，还能够为企业的战略决策提供强有力的数据支持。随着大数据技术的不断发展，财务共享服务的范围和深度将进一步扩展，为企业带来更多的价值。

二、财务共享服务现有的法律环境

在当今快速演变的商业环境中，大数据与财务共享服务已成为企业提高效率、降低成本，并促进决策制定过程的重要工具。然而，随着这些服务的广泛应用，其所面临的法律挑战和合规要求也日益增加。了解并遵守相关的国家法律、地方性法规及国际条约对于确保财务共享服务的合法性和成功至关重要。

（一）国家法律与地方性法规

各国对于财务信息的处理和保护有着各自的法律框架。例如，在欧盟，一项关键的法律是通用数据保护条例（GDPR），它对个人数据的处理提出了严格的要求。这包括财务数据，要求企业在处理欧盟公民的财务信息时必须遵循特定的原则和程序。在美国，虽然没有一个与GDPR相似的全面数据保护法，但有多项法律如萨班斯-奥克斯利法案和健康保险流通与责任法案（HIPAA），这些法律对财务和个人信息的保护提出了规定。

在中国，随着大数据和财务共享服务的快速发展，政府已经开始实施一系列法律法规和指导原则，旨在规范这些服务的运营，保护数据安全，同时促进财务管理的现代化和效率提升。以下是一些关键的法律规范内容，这些内容对于在中国开展财务共享服务的企业至关重要。

1. 《中华人民共和国网络安全法》

2017年实施的《中华人民共和国网络安全法》对数据处理和网络安全提出了严格的要求。该法律规定了网络运营者在收集和使用个人信息时必须遵循的原则，包括合法性、正当性和必要性原则，以及用户同意的要求。对于财务共享服务提供商而言，遵守这些规定是处理财务数据的法律基础。

2. 《中华人民共和国个人信息保护法》

2021年11月实施的《中华人民共和国个人信息保护法》进一步加强了个人信息保护的法律框架。该法律对个人信息的处理活动设定了更高标准，包括跨境数据传输的规定。对于跨国公司的财务共享中心而言，这意味着在跨境处理个人财务数据时，需要确保数据传输和处理活动符合其要求，可能需要进行数据出口影响评估，并且在一些情况下，还需要向中国的监管机构报备。

3. 《中华人民共和国数据安全法》

2021年9月实施的《中华人民共和国数据安全法》旨在加强数据安全管理，确保数据处理活动的安全和合规。该法律对数据分类与分级保护制度提出了要求，并对重要数据和核心数据的处理、存储和传输设定了严格的规定。财务共享服务提供商需要特别关注这些规定，确保财务数据的处理符合数据安全法的要求。

4. 合同法与服务协议

在中国，随着大数据和财务共享服务的快速发展，合同法及其在服务协议中的应用成为确保服务质量和数据安全的关键。合同法为财务共享服务提供了法律框架，确保服务提供者和客户之间的合作基于明确的法律协议，从而促进双方权益的保护。在这个框架下，服务协议，尤其是服务水平协议（SLA）和数据处理协议（DPA），扮演着至关重要的角色。

（1）《中华人民共和国合同法》在财务共享服务中的作用

《中华人民共和国合同法》规定了合同订立、履行、变更、转让、解除以及违约责任等法律事项，为财务共享服务的运营提供了法律依据和指导。在财务共享服务中，合同法确保服务提供者和客户之间的权利与义务得到清晰界定和法律保护。例如，通过明确服务的范围、质量标准、费用支付、保密义务、违约责任等条款，双方可以在合同的框架内开展合作，同时降低潜在的法律风险。

(2) 服务水平协议（SLA）

服务水平协议（SLA）是财务共享服务协议中的一个关键组成部分，它详细定义了服务提供者必须遵守的性能标准和服务质量。SLA通常包括服务的具体内容、性能指标、监控和报告机制、故障恢复时间等条款。通过这些条款，客户可以期待获得符合预期的服务水平，而服务提供者则明确了其应达到的标准和可能的违约责任。SLA的有效实施有助于建立双方的信任，确保服务的连续性和可靠性。

(3) 数据处理协议（DPA）

在大数据背景下，数据处理协议（DPA）尤其重要。DPA规定了服务提供者在数据收集、处理、存储和传输等方面的责任和要求，确保所有操作符合中国的数据保护法律和规定。该协议详细说明了数据的使用目的、数据加密和安全措施、数据泄露时的通报程序以及数据的最终处置方法。DPA不仅有助于保护客户的敏感财务数据，也帮助服务提供者明确其在数据处理方面的合法义务，避免可能的法律后果。

通过将合同法与服务协议中的SLA和DPA结合起来，财务共享服务可以在一个明确的法律框架内运营，既保障了服务质量，也确保了数据的安全和合规性。这种法律支持的框架对于提升客户信心、促进服务创新和持续改进至关重要，是财务共享服务成功的关键因素之一。

5. 其他相关规定和指导原则

除了上述法律外，中国政府和相关部门还发布了多项指导原则和行业标准，如《信息技术服务管理体系》（ITSM）、《企业内部控制基本规范》等，这些都对财务共享服务的运营提出了具体要求。

在中国，财务共享服务提供商必须遵守一系列复杂的法律和规定，确保其服务的合法性和数据的安全性。这包括对网络安全、个人信息保护和数据安全的全面考虑。随着法律环境的不断变化，企业需要持续关注相关法律法规的更新，以保持其运营的合规性。此外，企业可能需要投资于技术和人力资源，以建立符合中国法律要求的数据处理和保护机制。

（二）财务共享服务的国际条约

随着全球化的加深，财务共享服务已成为企业提升效率和优化资源配置的关键策略。这种服务模式通过集中处理企业内部的财务活动，不仅提高了操作效率，还降低了成本,并增强了决策的及时性和准确性。

在跨国运作中,企业必须在国际条约和协议框架下运作,以确保跨境数据流动的合法性。例如,跨大西洋数据保护框架,如欧盟与美国之间的隐私盾协议,是一个关键的例子。该协议旨在保护跨越大西洋传输的个人数据的隐私和安全,允许数据在欧盟和美国之间在符合特定条件的情况下自由流动。这为那些在欧洲和美国都有业务的企业提供了一个合法的数据传输机制,使得在这两个重要市场之间的财务共享服务变得可行。

然而,这些国际协议并非一成不变,它们经常面临更新和修订。例如,隐私盾协议在 2020 年被欧洲法院裁定为无效,这对依赖该框架进行数据传输的企业造成了重大影响,迫使它们寻找其他合法的数据传输机制。这一事件凸显了企业必须持续关注这些变化,并适时调整其数据处理和跨境数据传输策略,以确保其操作的合法性和合规性。

此外,企业在处理跨境数据流动时还必须考虑目标国家或地区的本地法律。不同国家对数据保护有着不同的要求和标准,企业必须确保它们的操作既符合国际协议,也符合所有相关国家的法律要求。这可能需要企业建立复杂的合规框架和数据保护措施,确保在全球范围内的法律遵从性。

综上所述,为了确保财务共享服务在全球范围内的有效性和合规性,企业必须投入相应的资源来理解和适应这一不断变化的国际法律环境。这包括持续监控国际协议的变化,理解跨境数据流动的法律要求,以及建立强大的数据保护和隐私措施。通过这些努力,企业可以确保其财务共享服务在全球范围内既高效又合法,从而在全球市场中保持竞争力。

(三) 对财务共享服务的直接影响

在当前由大数据驱动的财务共享服务领域,法律环境的影响不可小觑。随着全球对数据隐私和安全关注的加深,企业在提供财务共享服务时面临着越来越多的法律挑战和合规要求。这些法律要求对企业的合规成本和运营策略产生了直接影响,迫使企业必须重新考虑其数据管理和业务运作方式。

1. 合规成本的增加

为了满足日益增加的法律和规定要求,企业可能需要进行显著的技术投资,以确保数据处理和财务报告流程的合规性。这包括加强数据加密技术，以保护数据不被未授权访问，以及采用先进的数据监控和分析工具，以实时检测和预防数据泄露风险。此外，合规软件和IT基础设施的更新也往往伴随着高昂的成本，尤其是在需要符合多个国家和地区法律标准的情况下。

除了技术投资，企业还需要在人力资源上投入，培训员工理解并遵守相关的法律规定。这种培训不仅需要涵盖数据保护和隐私法，还可能包括特定于财务报告和业务操作的法律要求。定期的合规培训和更新课程是确保员工持续遵守最新法律要求的关键。

2. 运营策略的调整

合规性的要求还影响了企业的运营策略，特别是在数据管理和业务流程方面。例如，数据存储地点的选择现在必须考虑数据保护法律的要求，特别是对于跨境数据传输的规定。企业可能需要设立本地数据中心，或选择符合目的地国家数据保护标准的云服务提供商，以避免因违反数据居住要求而受到处罚。

跨境数据传输的方法也需要仔细考虑，以确保符合国际数据传输的法律框架，如GDPR下的数据传输机制。这可能要求企业采用额外的保护措施，如数据传输前的加密，或与数据接收方签订标准合同条款，以确保数据在传输过程中的安全。

此外，合规性还影响了企业与客户及供应商之间合同的制定。合同中现在常常包含更加严格的数据保护和隐私条款，要求各方在处理和共享数据时遵守特定的法律和规范。这不仅有助于保护企业和客户的数据，也有助于建立双方的信任，促进业务的长期合作。

总的来说，法律环境对财务共享服务的影响是全面且深远的。企业必须不断适应这一变化的法律规定，通过技术和策略的创新，确保其服务既高效又合规。这要求企业在合规性和业务效率之间找到恰当的平衡点，以在竞争激烈的市场中保持领先地位。

总之，对于财务共享服务而言，深入理解并遵循相关的国家法律、地方性法规及国际条约是确保服务合法性、保护客户数据安全，以及避免潜在法律风险的关键。随着法律环境的不断演变，企业需要保持灵活性，适时调整其财务共享策略，以确保长期的合规性和成功。

第二节 数据隐私与合规性要求

一、数据保护法律与规定概述

在大数据与财务共享服务的背景下,数据保护已成为一个关键议题,尤其是当这些服务跨越国界、触及不同法律体系时。理解和遵守各种数据保护法律与规定对于确保企业合法运营至关重要。

(一)国际数据保护法律

在国际层面,有几项重要的数据保护法律框架对财务共享服务的操作和扩展产生了深远影响。欧盟的通用数据保护条例是最著名的例子之一,它对个人数据的处理设定了严格的规则,适用于所有在欧盟境内操作或处理欧盟公民数据的企业。数据保护条例要求企业必须获得数据主体的明确同意才能处理其数据,并赋予个人多项权利,包括访问权、更正权和删除权等。

在美国,加利福尼亚消费者隐私法案提供了消费者对于个人信息的控制权,包括要求企业披露其数据收集和共享的实践,以及用消费者的权利去反对其个人信息的销售。尽管加利福尼亚消费者隐私法案主要适用于加利福尼亚州,但它对全国乃至全球范围内的企业均产生了影响,特别是对那些拥有加州客户的企业。

(二)中国数据保护法律

在中国,随着数字经济的蓬勃发展,数据保护法律也在不断完善。《中华人民共和国网络安全法》是中国在网络安全和数据保护方面的基础法律,它规定了网络运营者在收集和使用个人信息时必须遵守的基本原则和要求。此外,《中华人民共和国个人信息保护法》对个人信息的处理提出了更加详细和严格的规定,强调了数据最小化、目的限定和数据主体同意等原则。

对于跨国经营的财务共享服务提供商而言,了解和遵守这些国际及中国的数据保护法律是其合法合规经营的前提。这不仅涉及企业的合规性策略和运营模式的调整,还包括对数据处理流程的审查和优化，确保所有活动均符合相关法律规定。通过这种方式，企业不仅可以保护客户的数据安全，还能够在日益复杂的国际法律环境中稳健前行。

二、法律关于数据分类与敏感信息的处理

在大数据与财务共享的领域内，数据分类及敏感信息的妥善处理是确保合规性与保护隐私的基石。不同类型的数据根据其敏感程度和对个人隐私的影响程度被分为不同的类别，这种分类有助于企业制定相应的保护措施，确保数据处理活动遵循法律法规。

（一）数据分类

数据分类是指将收集的数据按照其敏感程度和重要性分成不同的类别。一般而言，数据可以分为"个人数据"和"敏感个人数据"两大类。个人数据指的是能够直接或间接与特定个人相关联的任何信息，如姓名、电子邮件地址或电话号码。而敏感个人数据则涉及更高级别的隐私，包括但不限于个人健康状况、性取向以及财务信息等。敏感数据因其对个人隐私影响较大，因此在处理时需要更高级别的保护和谨慎性。

在中国，随着大数据和财务共享服务的兴起，数据分类和处理已成为关键的合规性问题。中国法律体系通过一系列法律法规和标准对数据进行分类，并针对不同类型的数据提出了具体的处理要求。

2017年实施的《中华人民共和国网络安全法》是中国在数据保护方面的基础法律之一，它提出了网络数据分类的基本原则，将数据分为个人信息和重要数据两大类，并对这些数据的处理、存储和传输设定了基本要求。《中华人民共和国网络安全法》强调了对个人信息的保护，要求采取技术措施和其他必要措施保障网络安全，防止个人信息泄露、损毁或被窃。

在中国，数据分类的目的在于为不同类型的数据提供不同级别的保护。根据《中华人民共和国个人信息保护法》等法律，处理个人信息必须遵循合法、正当、必要的原则，不得超出与处理目的相一致的最小范围。对于敏感个人信息，法律要求明确获取数据主体的同意，并采取严格的保护措施，如加密处理。

在财务共享服务中处理数据时，企业需要对所处理的数据进行分类，明确区分哪

些信息属于个人信息,尤其是敏感个人信息,然后根据法律要求采取相应的保护措施。例如,处理财务数据时,由于这些数据通常包含敏感个人信息,企业必须确保有足够的安全措施来保护这些信息,如使用加密技术、实施访问控制等。

中国的数据分类和处理要求体现了对个人隐私保护的重视。通过《中华人民共和国网络安全法》和《中华人民共和国个人信息保护法》等法律法规,中国建立了一套综合的数据保护框架,为不同类型的数据提供了不同级别的保护措施。对于财务共享服务提供者而言,了解并遵守这些法律规定是保障服务合法性和增强消费者信任的关键。随着中国数据保护法律的不断完善和严格执行,企业必须不断提升其数据处理的安全性和合规性,以适应这一变化的法律环境。

(二) 敏感信息处理

特别是在处理敏感财务数据时,如银行账户信息、支付记录等,法律对此类数据的保护提出了特殊要求。企业必须采取加强的安全措施来保护这些信息不被未授权访问、泄露或滥用。这些措施包括但不限于数据加密、访问控制、数据脱敏处理以及定期的安全审计。此外,对于敏感财务数据的收集和处理,企业还需要确保明确获得数据主体的同意,并清晰告知数据将如何被使用。

在中国,对敏感信息的处理受到了严格的法律规范,特别是在大数据与财务共享领域,这些规定对保护个人隐私、维护数据安全具有重要意义。中国通过一系列法律法规,明确了敏感信息的定义、处理规则及其保护措施。

1. 敏感信息的定义

根据《中华人民共和国个人信息保护法》的规定,敏感个人信息是指一旦泄露或非法使用可能导致个人受到歧视或严重损害的信息,包括但不限于生物识别信息、特定身份信息、医疗健康信息、财务信息、行踪轨迹等。在财务共享领域,敏感信息主要包括个人的财务状况、银行账户信息、支付记录等。

2. 处理敏感信息的法律要求

(1) 明确同意

《中华人民共和国个人信息保护法》要求,在处理敏感个人信息之前,必须获得数据主体的明确同意。这意味着企业在收集或使用个人的财务信息等敏感信息时,需要向数据主体清楚说明信息的使用目的、处理方式及范围，并且确保数据主体有权随时撤回其同意。

（2）最小必要性原则

处理敏感信息时，企业应遵循最小必要性原则，即仅处理实现特定目的所必需的敏感信息量。这要求企业在设计财务共享服务时，必须评估并限定对敏感信息的收集和使用，避免过度收集。

（3）安全保护措施

法律还要求企业在处理敏感信息时采取严格的安全保护措施。这包括实施加密技术、访问控制、数据脱敏处理和安全审计等措施，以防止敏感信息泄露、损毁或被窃。在发生数据安全事件时，企业还必须及时向监管机构报告，并通知受影响的数据主体。

（4）法律责任与合规性

对于违反敏感信息处理规定的行为，中国法律规定了严格的法律责任，包括罚款、责令停业整顿、吊销相关业务许可或营业执照等。这强化了企业在处理敏感信息时的合规性要求。

总之，中国的法律体系对敏感信息的保护提出了高标准的要求，特别是在大数据与财务共享领域，确保敏感信息的处理活动既保护了个人隐私，又维护了数据的安全性和合法性。对于企业来说，了解并遵守这些法律规定，不仅是法律义务，也是赢得客户信任和市场竞争力的关键。

（三）中国法律关于数据收集、存储与传输的规定

在大数据与财务共享的背景下，中国的法律框架设定了严格的指导原则和规定，以确保数据处理活动的合法性、安全性和透明性。这些规定反映了对个人隐私、数据安全以及跨境数据传输的重视。

1. 合法性原则

在大数据与财务共享的背景下，合法性原则的应用尤为关键，因为这涉及大量敏感的财务数据及个人信息。中国的相关法律和规定强调，在收集和处理数据时，必须坚守合法性、正当性和透明性的三大原则，确保数据处理活动的合理性和合法性。

首先，合法性原则要求任何数据收集活动都必须基于合法的基础。这意味着在开始收集数据之前，必须确保活动符合现行的法律法规，包括但不限于数据保护法、网

络安全法等。只有当数据收集的目的和方式符合法律要求时，该活动才被视为合法。

其次，正当性原则强调数据收集必须基于正当的理由，且必须事先获得数据主体的明确同意。这不仅体现了对个人隐私权的尊重，也增强了数据处理活动的合理性和道德性。在实践中，这要求组织在收集数据前向数据主体提供全面的信息，包括但不限于收集数据的目的、数据将如何被使用以及数据主体享有的权利等，以确保数据主体能够基于充分的信息做出知情同意。

最后，透明性原则要求数据收集和处理的整个过程对数据主体是透明的。这包括数据收集的目的、范围、使用方式以及数据主体的权利和选择等方面。透明性不仅有助于建立数据主体对数据处理方的信任，也是确保数据处理活动合法性的关键因素。数据处理方需要通过适当的方式，如隐私政策、数据保护声明等，向数据主体提供这些信息。

此外，限制数据的收集和使用范围仅限于实现特定、明确和合法目的所必需的范围，是防止过度收集的重要措施。这意味着组织在设计和实施数据收集活动时，需要仔细考虑所需数据的类型和数量，避免收集无关或不必要的信息。通过实施最小化数据收集原则，可以进一步保护数据主体的隐私，同时减少数据存储和处理的负担。

综上所述，合法性、正当性和透明性原则是中国法律在数据收集和处理活动中的核心要求。遵循这些原则不仅有助于保护数据主体的权益，也有助于企业和组织建立起负责任和信任的数据治理体系，进而在大数据与财务共享的领域中实现合法、高效和安全的数据利用。

2. 数据存储安全措施

在大数据与财务共享的背景下，数据存储安全显得尤为重要。鉴于此，中国法律对于保障存储数据的安全提出了一系列详细的技术和管理措施，旨在构建一个全面的安全防护体系，从而确保数据的安全性和完整性。

首先，数据加密技术是保护存储数据安全的基石。它通过将数据转换成密文，确保即便数据被非法访问，数据内容也不会轻易被解读。这种加密措施在财务数据的存储和传输过程中尤为关键，因为财务数据的敏感性和价值意味着任何泄露都可能导致严重的后果。因此，采用强加密标准和算法，如 AES（高级加密标准）或 TLS（传输层安全性协议）等，已成为业界的普遍做法。

其次，访问控制机制的实施对于确保数据安全至关重要。通过定义和限制哪些用户或系统有权限访问特定的数据集,可以有效防止未授权的数据访问和泄露。这通常涉及复杂的权限管理策略,包括用户身份验证、授权和审计。身份验证确保只有验证过的用户才能访问系统,而授权则确保用户只能访问其有权访问的数据。此外,审计日志的保留对于跟踪数据访问行为和识别潜在的安全威胁也非常重要。

最后,物理安全措施的实施也是保护数据存储安全的重要方面。这包括确保数据中心的物理入侵防护、环境控制(如适宜的温湿度、防火)和电力供应的稳定性。通过对数据中心进行严格的物理安全管理,可以防止因环境因素或人为破坏导致的数据损失或泄露。

此外,为了进一步加强数据安全,还需实施数据备份和灾难恢复计划。定期备份数据并在安全的位置存储多个备份,可以在数据丢失或损坏时迅速恢复数据,确保业务连续性。灾难恢复计划则确保在出现大规模数据中心故障时,能够迅速恢复数据服务,使其对业务的影响最小化。

通过上述技术和管理措施的综合应用,构建起一个多层次、全方位的数据存储安全体系,中国的法律规定为数据存储安全提供了强有力的法律支撑和指导。这些措施不仅保护了存储数据不受威胁,也为大数据与财务共享的健康发展提供了坚实的安全基础。

3. 跨境数据传输

在大数据与财务共享的背景下,跨境数据传输成为一个日益重要的议题。随着全球化的加速,企业需要将数据从一个国家传输到另一个国家,以支持国际业务操作和决策分析。然而,这种跨境数据流动引发了对数据安全和隐私保护的广泛关注。因此,中国法律在跨境数据传输方面设定了严格的合规性要求,旨在保障数据传输的合法性、安全性,同时维护数据主体的权益。

首先,进行跨境数据传输的前提是必须进行合法性评估。这一评估旨在确保任何计划中的数据传输活动都符合中国关于国家安全和数据保护的相关法律和规定。合法性评估包括对数据传输的目的、范围、受影响的数据主体、数据安全风险及其防范措施等方面的综合考量。这一过程确保了数据传输活动有充分的法律依据,且对潜在的风险有清晰的认识和应对策略。

其次,跨境数据传输必须采取相应的数据保护措施。这些措施包括但不限于数据加密、使用安全的传输协议、确保接收方国家或地区有足够的数据保护水平等。通过这些技术和管理措施,可以有效防止数据在传输过程中被非法访问、篡改或泄露,从而保障数据的完整性和保密性。

此外,对于跨境数据传输的监督和审查也是一个关键环节。中国法律要求企业在进行跨境数据传输时,不仅要遵守出口国的法律要求,还要考虑数据接收国的法律规定。这可能涉及与接收方国家的数据保护机构协调,确保跨境数据传输活动遵循接收国的数据保护标准和要求。

最后,保护数据主体的权益是跨境数据传输法规的核心。这意味着在数据跨境传输的任何环节,数据主体的知情权、选择权和控制权都必须得到充分尊重和保护。数据处理者需要明确告知数据主体数据将如何、为何被传输至境外,以及数据主体如何能行使其权利。

通过上述措施,中国法律旨在建立一个既能促进数据跨境流动,又能确保数据安全和保护个人隐私的法律环境。这为大数据与财务共享领域的国际合作提供了法律保障,同时也体现了中国在全球数据治理中的负责任态度。

综上所述,中国的法律体系为数据收集、存储与传输设定了详尽的规定,旨在保障数据处理活动的合法性、安全性和透明性,特别是在大数据与财务共享领域。通过遵守这些法律规定,企业和组织可以确保其数据处理活动既有效又符合法律要求。

(四) 中国数据使用、共享与披露的法律规定

在大数据与财务共享的领域内,数据的使用、共享与披露是核心环节,涉及众多的隐私和安全问题。

1. 数据处理目的

在大数据与财务共享的背景下,数据处理目的的原则具有至关重要的意义。中国法律对此有着明确的规定。这一法律框架的核心在于保障数据主体的权利,防止数据的滥用和非法处理。

首先,明确数据处理目的的要求促使企业在收集数据之前,必须清楚地界定和声明数据处理的具体目的。这不仅要求企业在规划数据收集和处理活动时进行充分的前期准备,还要求其在整个数据生命周期内保持目的的一致性。这种做法避免了数据被收集后用于未经授权的目的,从而保护了数据主体的隐私和权益。

例如,在财务共享项目中,企业可能需要收集大量敏感的财务数据,包括员工薪酬、公司收入和支出等信息。根据中国法律,这些数据的收集和处理必须严格限于事

先声明的目的，如财务分析、预算编制或审计等。如果企业试图将这些数据用于其他目的，如向第三方营销公司披露员工薪资信息以获取营销分析服务，而未获得数据主体的明确同意，就违反了数据处理目的的原则。

此外，数据处理目的的原则还要求企业在变更数据处理目的时重新获得数据主体的同意。这意味着，如果企业在数据收集后决定将数据用于一个新的、未经声明的目的，必须向数据主体提供完整的信息，并明确请求其同意。这个过程增加了透明度，使数据主体能够基于充分的信息做出知情决定，是否同意自己的数据被用于新的目的。

综上所述，数据处理目的原则是中国数据保护法律的一个重要组成部分，它通过要求数据处理活动明确、合法和合理，来保护数据主体的权益。在大数据与财务共享的实践中，遵守这一原则不仅是法律的要求，也是企业负责任处理数据、维护数据主体信任的基石。

2. 第三方数据共享

在当今大数据和财务共享的时代，数据成了企业宝贵的资产，同时也引发了关于数据安全和隐私保护的广泛关注。中国法律对第三方数据共享提出了严格的规定，以确保在数据流转过程中，个人信息和企业数据的安全得到妥善保护。

首先，当企业需要与第三方共享数据时，中国法律强调必须通过签订合同或协议的形式来明确规定共享的条款。这包括明确指出第三方使用数据的具体目的、使用方式以及使用范围，确保第三方的数据处理活动有明确的界限和目的。这种做法有助于避免数据被用于非授权的目的，保障数据的合法、合规使用。

合同或协议中还需要详细规定第三方在处理数据时必须遵循的安全措施。这些措施可能包括数据加密、访问控制、数据的匿名化处理等，旨在从技术和管理层面防止数据泄露、滥用或丢失。通过将这些安全要求纳入合同，可以确保第三方在数据处理过程中采取相应的安全措施，提高数据的安全性和可靠性。

此外，合同或协议还应当包含关于数据处理目的及其合法性的严格规定。这意味着第三方在使用数据时，必须严格限于合同所规定的目的，并确保其数据处理活动符合相关法律法规的要求。这样的规定有助于确保数据共享和使用的目的明确、合法，防止数据被滥用。

这些法律不仅保护了数据主体的权益，也为企业之间的数据交流提供了法律保障，促进了健康有序的数据流通和利用。

在大数据与财务共享的背景下，遵循这些法律规定对于保障数据安全、维护企业声誉以及促进数据驱动的业务发展至关重要。通过建立严格的第三方数据共享机制，企业不仅能够确保自身遵守法律法规，还能够在保护数据安全的同时，充分利用数据带来的价值。

3. 数据披露要求

在大数据与财务共享的领域内，数据的披露是一个需要严格遵守法律规定的敏感过程。中国的法律体系为数据披露设定了明确的框架，旨在平衡个人隐私权的保护与社会公共利益的需求。这些规定确保了数据在必要时可以被适当披露，同时保护了数据主体的权利，避免了数据的不当使用和泄露。

首先，根据中国法律，数据的披露原则上需要得到数据主体的明确同意。这意味着在绝大多数情况下，未经数据主体许可，任何形式的数据披露都是不被允许的。这一规定强化了数据主体对自己个人信息的控制权，确保了他们对于自己数据如何被使用和共享有一定的说话权。

然而，法律也认识到在特定情况下，为了更大的公共利益或遵守法律义务，数据的披露是必要的。这些特定情况包括国家安全、公共利益的维护或法律诉讼的需要。例如，财务数据可能需要在税务调查或欺诈案件中披露给有关监管机构。在这些情况下，数据处理者被要求遵循法律程序，这可能包括但不限于向监管机构报告、在法院的指令下披露数据等。

为了确保数据披露的合法性和正当性，数据处理者必须严格按照法律规定的程序行事。这可能涉及在数据披露前进行彻底的法律评估，确保披露的必要性，并采取适当的措施以最小化对数据主体隐私的影响。在必要时，可能还需要通过法律途径，获得法院令状，来授权数据的披露。

此外，数据处理者在披露数据时还应保持透明度，尽可能地通知数据主体有关披露的情况，除非法律另有规定或在特定情况下不适宜通知。通过这种方式，即使在不得不披露数据的情况下，也尽可能地维护了数据主体的知情权和控制权。

总之，中国法律对数据披露设立的规定和程序，旨在确保在保护个人隐私和数据安全的同时，也允许在必要时为了更广泛的社会利益或遵守法律义务进行数据的披露。

通过这些规定，中国建立了一个全面的法律框架，旨在平衡数据的有效使用与个人隐私和数据安全的保护。这不仅为大数据与财务共享的实践提供了明确的指导原则,也为数据经济的健康发展创造了良好的法律环境。在遵循这些法律规定的前提下,企业和机构可以更加自信地探索数据的潜力,同时保护数据主体的利益和维护社会的公共利益。

(五)中国关于数据主体权利保护的法律规定

在大数据与财务共享的背景下,数据主体(即数据的拥有者)的权利保护尤为重要。中国的相关法律和规定针对数据主体权利提供了明确的指导,确保个人在数据被广泛使用和共享的时代,依然能够对自己的个人信息拥有控制权。这些法律规定主要涵盖了访问权和更正权,以及删除权和反对权。

1. 访问权和更正权

在大数据与财务共享的时代,个人数据的保护成为一个日益重要的议题。中国的数据保护法律对此给予了充分重视,特别是在保障数据主体的访问权和更正权方面。这些权利的确立不仅体现了对个人隐私权的尊重,也是对个人在数据驱动的世界中控制权的重要保障。

访问权赋予了数据主体查看自己个人数据的能力,这包括了解数据的收集来源、处理目的及其使用方式等关键信息。例如,在财务共享的背景下,员工或客户可以要求访问其财务数据如何被企业收集和使用,包括是否被用于数据分析、风险评估或其他目的。这一权利的实现确保了数据主体能够全面了解自己的数据状况,从而在必要时采取相应措施来保护自己的权益。

更正权则提供了一种机制,使数据主体在发现自己的个人数据存在不准确或过时的情况时,能够要求数据处理者进行更正或更新。这一权利尤为重要,因为在大数据分析和财务决策等活动中,数据的准确性直接影响到分析结果的可靠性和相关决策的有效性。例如,如果一个人的信用报告中含有错误信息,可能会影响其贷款申请的结果。通过行使更正权,数据主体可以确保自己的信息得到及时且准确的更正,避免因数据错误带来的不利后果。

这些权利的实施不仅增强了数据的准确性和透明度,还显著提升了数据主体对自己数据的控制力。在数据处理活动中,确保数据主体能够有效行使这些权利,对于建立公平、透明的数据治理环境至关重要。对数据处理者而言,遵守这些法律规定,不仅是法律的要求,也有助于建立与数据主体之间的信任关系,促进数据的合理利用和共享。在大数据与财务共享的背景下,这种信任和透明度是实现数据价值最大化的基础,也是保护个人隐私和数据安全的关键。

2. 删除权和反对权

在当下这个数据不断流动与共享的时代,个人数据的保护变得越来越重要。尤其是在大数据与财务共享领域,个人数据的处理直接关联到个人的隐私和财务安全。中国的数据保护法律针对此提出了数据主体的删除权和反对权,以确保个人对于自己的数据拥有更多的控制和保护。

删除权为数据主体提供了一个重要保障,使其能够在满足一定条件下要求数据处理者删除其个人数据。这种权利的应用场景广泛,特别是当数据不再为收集时所声明的目的所需,或数据处理者无法提供持续使用数据的合法依据时。例如,如果一个企业收集了客户的财务信息用于一次性的信贷审批过程,而后续没有其他合法理由继续保留这些信息,客户便可以要求该企业删除其个人数据。这样的规定有效防止了个人信息的无端保存和滥用,降低了数据泄露的风险。

反对权则赋予了数据主体在特定情况下反对其个人数据被处理的权利,尤其在直接营销等领域中的应用尤为重要。这意味着,如果个人不希望自己的数据被用于商业推广或广告宣传,他们有权要求数据处理者停止使用其数据进行这些活动。这项权利的存在显著增强了个人对自己数据使用方式的控制,使其能够有效避免不希望参与的数据处理活动。

通过确立删除权和反对权,中国的法律体系为数据主体提供了更广泛的自主性和选择权,使其在数据处理活动中享有更大的发言权和控制权。这不仅保障了个人隐私权的实质性保护,也促进了数据处理活动的公平性和透明性。在大数据与财务共享的背景下,这些权利的实施有助于建立一个更加安全、可信的数据环境,为数据的有效利用与保护提供了坚实的法律基础。

中国的数据保护法律通过设立上述权利,强化了数据主体在个人数据处理中的地位。这些规定不仅要求数据处理者在处理个人数据时确保透明度和公正性,同时也赋予了数据主体一系列的操作手段,以保护和执行其对个人数据的控制权。在大数据与财务共享的实践中,这些规定确保了个人数据的安全,同时促进了数据处理活动的合法、合规进行。

第三节　财务共享合同与法律风险管理

一、财务共享的法律风险概述

在大数据时代，财务共享作为一种提升企业运营效率和决策质量的重要手段，正被越来越多的企业采纳。然而，随着数据的广泛应用，伴随而来的法律风险也日益显著，特别是在数据保护与隐私权、跨境数据传输、第三方服务提供商合规性以及知识产权保护等方面。

（一）数据保护与隐私权

在当今数字化、网络化的商业环境中，大数据与财务共享已成为企业提高效率、优化决策过程的关键工具。然而，这一过程中涉及的数据保护与隐私权问题，尤其是在处理敏感的财务数据时，成了企业必须面对的主要法律风险。《中华人民共和国个人信息保护法》和《中华人民共和国网络安全法》等法律法规对个人数据和企业数据的保护提出了严格的要求，以确保数据主体的隐私权和个人信息安全。

首先，根据这些法律法规，企业在收集财务数据之前，不仅需要明确数据收集的具体目的和范围，还必须向数据主体提供明确的通知，并在必要时获得数据主体的明确同意。这一过程要求企业在数据处理活动中保持高度的透明度，确保数据主体了解其个人信息的使用目的和方式，从而赋予数据主体对自己个人信息的控制权。

其次，企业在使用和存储财务数据时，必须采取适当的安全措施，防止数据的泄露、损失或被非法访问。这包括实施物理安全措施、网络安全技术和数据加密等，确保数据在整个生命周期内的安全性和完整性。同时，企业还需定期对数据处理活动进行审查和评估，以符合持续变化的法律要求和技术标准。

此外，数据主体的权利保护也是企业在数据处理中必须重视的方面。根据相关法律，数据主体拥有查询、更正、删除自己个人信息的权利，企业必须建立相应的机制，允许数据主体行使这些权利，进一步增强数据主体对个人信息的控制。

总之，数据保护与隐私权在财务共享过程中是一个不可忽视的法律风险。企业必须严格遵守中国的数据保护法律法规,通过建立合规的数据处理流程和强化数据安全措施,来保护个人和企业的隐私权。这不仅有助于维护企业的法律合规性,还能够增强企业的市场声誉和客户信任,为企业的长远发展奠定坚实的基础。

(二) 跨境数据传输的风险

在今天的全球化商业环境中,跨境数据传输已成为企业运营的常态,尤其是在大数据与财务共享的背景下。财务数据的跨境流动不仅促进了全球业务的协同工作和决策制定,也提高了企业的运营效率。然而,这一过程中伴随的法律风险同样显著,特别是在数据保护法律日益严格的今天。

跨境数据传输的风险主要源于全球范围内数据保护法律的差异性。不同国家和地区对个人数据和财务数据的保护标准和要求各不相同。

不合规的跨境数据传输活动可能导致严重的后果,包括但不限于法律诉讼、高额罚款,以及对企业声誉的负面影响。例如,若企业未经授权或未采取相应的保护措施即进行跨境数据传输,可能会被视为违反了接收国的数据保护法律,从而遭到监管机构的调查和惩罚。

为了降低这些风险,企业在进行跨境数据传输前,需要进行充分的法律风险评估,包括但不限于评估数据传输目的的合法性、确认数据保护措施的充分性,以及确保数据传输协议符合相关法律要求。此外,企业还可以通过建立数据本地化策略、选择安全可靠的数据传输通道以及与接收方签订严格的数据处理协议等措施,进一步确保跨境数据传输的安全性和合规性。

总之,跨境数据传输在为企业带来便利和效益的同时,也带来了不容忽视的法律风险。企业必须在全面了解和遵守相关法律法规的基础上,采取有效的风险管理措施,保护企业免受潜在的法律后果影响。

(三) 第三方服务提供商的合规性问题

在大数据与财务共享的背景下,第三方服务提供商扮演着至关重要的角色。它们不仅提高了企业处理大规模财务数据的能力,还促进了数据分析和决策制定过程的效率。然而,随着这些服务提供商在企业运营中的地位日益重要,它们的合规性问题也逐渐显现,成为企业不得不面对的一大挑战。

首先，企业必须确保第三方服务提供商的安全措施能够达到高标准，以保护敏感的财务数据不受威胁。这包括数据加密、访问控制、物理安全措施以及网络安全策略等。企业需要对服务提供商的安全架构和数据保护政策进行彻底的审查，确保它们能够抵御数据泄露、黑客攻击和其他安全威胁。

其次，数据处理政策的审查同样重要。企业需要确保第三方服务提供商在处理财务数据时，遵循的是透明和合法的程序。这意味着第三方需要清晰地说明数据收集、处理、存储和销毁的全过程，同时也要保证在处理过程中尊重数据主体的权利，比如访问权、更正权和删除权等。

此外，考虑到跨境数据传输的法律风险，企业在选择第三方服务提供商时，还必须考虑其数据中心的地理位置及其遵守的数据保护法律。这是因为不同国家和地区对数据保护的法律要求有所不同，企业需要确保第三方服务提供商能够满足数据输出国和输入国的法律要求，避免跨境数据传输导致的合规性风险。

最后，企业与第三方服务提供商之间的合同也是保障合规性的关键。合同中应详细列明服务提供商的责任和义务，包括但不限于数据保护措施、数据处理政策、违约责任等，以法律文本的形式明确双方的权利和义务，为可能出现的法律争议提供依据。

综上所述，第三方服务提供商的合规性问题对于实施财务共享的企业来说是一个不容忽视的方面。通过严格审查服务提供商的安全措施和数据处理政策，以及确保合同条款的明确和全面，企业可以有效地降低因第三方服务提供商引发的法律风险，保障企业的利益和数据的安全。

（四）知识产权的保护

在大数据与财务共享的实践中，知识产权的保护成了企业必须面对的重要法律风险之一。随着财务数据的广泛共享和利用，企业的商业秘密及其他形式的知识产权很容易受到威胁。这不仅关系到企业的核心竞争力，还可能影响到企业的长期发展和市场地位。

首先，财务数据往往包含了企业的关键经营信息，如成本结构、盈利模式、投资决策等，这些信息若未经保护即被共享，极易被竞争对手所利用，造成不可挽回的商业损失。因此，企业在共享财务数据前，需要确切识别哪些数据属于商业秘密或包含其他知识产权，对这些数据采取额外的保护措施。

其次，通过合同等法律手段保护知识产权是企业在共享财务数据时的有效策略。在与数据接收方签订的合同中，应明确列出数据的使用范围、使用目的和使用期限，同时约定对知识产权的保护条款，包括禁止未经授权的第三方使用、复制或泄露相关信息。此外，合同中还应包含违反协议的法律后果，为企业在面临知识产权侵权时提供法律依据和保护。

再次，企业还应利用技术手段加强对财务数据的保护。这包括数据加密、访问控制和数据水印等，通过技术手段确保数据在传输和存储过程中的安全，以及在数据被非法获取时能够追踪数据泄露的来源。

最后，企业应建立知识产权保护意识，定期对员工进行知识产权保护和数据安全方面的培训，提高员工对保护商业秘密和知识产权重要性的认识，从而在企业内部形成一种保护知识产权的良好文化氛围。

综上所述，财务共享虽然为企业带来了效率和效益的提升，但同时也伴随着一系列的法律风险。企业在实施财务共享时，必须全面评估这些风险，并采取相应的法律措施进行管理和规避，以确保企业的合法权益得到有效保护。

二、合同管理的基本原则

在大数据与财务共享的背景下，合同管理成为确保双方权益、明确责任界限以及降低法律风险的关键环节。合同不仅是法律关系的载体，也是管理财务共享过程中可能出现的各种风险的基本工具。以下是合同管理的几个基本原则：

（一）明确合同双方的权利与义务

在大数据与财务共享的合作中，合同起着至关重要的作用，它不仅是明确双方权利与义务的法律文件，更是预防和解决潜在纠纷的基础。因此，合同中对双方的权利与义务的明确规定尤为重要。

合同应当清晰地界定数据提供方的职责，这包括但不限于确保所提供数据的真实性、准确性及其来源的合法性。数据提供方应当对所提供的数据内容负责，保证这些数据不侵犯任何第三方的权利，包括知识产权、隐私权等。同时，数据提供方还需要明确表明数据可以被用于的具体用途，以及任何可能的使用限制。

对于数据使用方来说，合同应当规定其必须严格按照合同约定的目的使用数据，并对数据的保密性负责。这意味着数据使用方需要采取适当的安全措施，防止数据的未授权访问、使用或泄露。此外，数据使用方在使用数据过程中发现的任何数据问题，都应及时反馈给数据提供方，确保数据的准确性和完整性。

合同还应包括双方在数据处理过程中应遵循的具体操作规范，包括数据处理、存储、传输的安全标准，以及在合作结束后数据的返还或销毁等条款。这些规定有助于双方明确自己的责任范围，同时也是保护双方利益、避免未来法律纠纷的重要措施。

通过在合同中明确双方的权利与义务，可以建立起一个清晰、透明的合作框架，为大数据与财务共享的顺利进行提供坚实的法律基础。这不仅有助于减少误解和冲突，也为双方提供了在出现问题时的解决途径，从而确保合作双方的利益得到有效保护。

（二）确定数据使用与共享的范围

在大数据与财务共享项目中，对数据使用与共享范围的明确界定是确保数据处理活动合法性和合规性的关键因素。这不仅关乎数据主体的隐私权保护，还涉及整个数据处理流程的透明度和公正性。因此，在合同中对数据的使用和共享范围进行详尽的规定显得尤为重要。

首先，合同必须明确列出将被共享的具体数据类型。这包括但不限于个人身份信息、财务交易记录、工资信息等，确保所有涉及共享的数据项目都被清晰标识。明确数据种类有助于双方理解哪些信息将被处理，避免数据处理活动中的模糊地带。

其次，共享数据的目的也必须在合同中具体说明。数据使用的目的应该是明确、合法的，如为了提高财务报告的准确性、优化财务流程、增强客户服务等。通过限定数据使用的目的，可以防止数据被用于非预期的场景，从而更好地保护数据主体的利益。

此外，合同还应详细说明数据的使用方式，包括数据如何被处理、存储和销毁。这些操作的具体细节需要与数据保护法律法规相一致，确保数据在整个使用周期内的安全性。例如，合同可以规定数据使用方必须采用加密技术来保护数据，在使用完毕后应按照规定的程序销毁数据，避免数据的未授权访问或滥用。

通过在合同中确定数据使用与共享的范围，双方可以在一个明确的法律框架内进行合作，有效地避免了数据处理过程中可能出现的法律风险和道德风险。这种做法不仅保障了数据主体的隐私权和数据的安全性，也增强了合作双方之间的信任，为财务共享项目的成功实施奠定了坚实的基础。

(三) 合同中的保密与数据保护条款

在大数据与财务共享的合作关系中，合同内设定的保密与数据保护条款扮演着守护财务数据安全的关键角色。这些条款通过法律约束，确保所有参与方严格遵守数据的保密性和安全性要求，从而避免数据的非法使用和泄露。在设计这些条款时，需要细致考虑数据保护的各个方面，以形成一个全面的保护机制。

首先，数据保护措施是这些条款中的核心内容。合同应明确规定合作双方必须用实施的技术和管理措施来保护数据，例如使用加密技术对数据进行加密、建立访问控制机制以限制对数据的访问权限以及实施网络安全策略来防止数据被黑客攻击。这些措施旨在确保数据在存储、处理和传输过程中的安全性，降低数据泄露或被非法访问的风险。

其次，数据处理过程中的保密义务同样重要。该条款要求所有接触到数据的人员都必须遵守严格的保密义务，不得将数据泄露给未经授权的第三方。此外，合同还应规定数据的使用目的，限制数据仅用于双方约定的目的，防止数据被滥用。

最后，针对数据泄露时的应对措施，合同中应包含详细的协议，指导如何应对数据泄露事件。这包括立即通知对方数据泄露的情况、采取紧急措施减少损失以及协作进行调查等。这些应对措施不仅有助于及时控制损害，还能够符合各地区对于数据泄露事件处理的法律要求。

通过在合同中明确设立保密与数据保护条款，双方可以建立起一个明确的法律框架，以确保财务数据在共享过程中的安全性和保密性。这不仅有助于保护双方的利益，还有助于建立合作双方之间的信任，为财务共享的顺利进行提供坚实的法律保障。

(四) 风险分配与责任限制

在大数据与财务共享项目中，合理的风险分配和责任限制是确保合作双方利益平衡、降低潜在纠纷的关键。因此，合同中关于风险分配与责任限制的条款设计应当得到特别关注。

首先，合同中风险分配的条款需要明确各种可能出现的风险，包括但不限于数据泄露风险、数据不准确或不完整带来的风险以及违反数据保护法律法规的风险等。随后，这些风险需要被明确分配给合作双方，指明在不同情况下由哪一方负责。例如，如果数据泄露是因为一方未能采取足够的安全保护措施，那么这一方应当承担相应的责任。通过明确风险分配，双方可以更清楚自己的责任范围，从而采取措施预防或降低这些风险的发生。

其次，责任限制条款同样重要。该条款通常设定了违约责任的上限，包括可能的财务赔偿限额和赔偿条件。这一条款的目的是在保护受损方权益的同时，也防止违约责任过于严苛，给违约方带来不合理的经济负担。例如，合同可以规定，因数据泄露导致的财务赔偿不得超过合同总金额的一定比例，或者赔偿金额应该基于实际损失来计算。这有助于双方在清楚了解潜在风险及其可能导致的经济后果的基础上，做出更为明智的决策。

通过在合同中设定合理的风险分配和责任限制条款，不仅可以促进双方合作的顺利进行，还可以在出现问题时提供解决问题的基础，保障双方的合法权益。这种做法有助于建立双方的信任，降低因误解或不可预见的风险导致的法律纠纷，为大数据与财务共享项目的成功实施提供了坚实的法律基础。

总之，在大数据与财务共享的合作中，通过制定详尽的合同，明确双方的权利和义务，精确界定数据的使用和共享范围，加强保密和数据保护措施，以及合理分配风险和责任，可以有效地管理和降低法律风险，保障双方的合法权益，促进财务共享活动的健康发展。

三、财务共享合同的关键条款

在大数据时代，财务共享合同是企业之间进行高效、安全数据共享的法律基础。合同的关键条款不仅为合作提供了明确的指导，还确保了数据处理活动的合法性与合规性。以下是财务共享合同中几个关键条款的详细解释：

（一）定义财务数据与共享数据的范围

在大数据与财务共享项目中，对财务数据与共享数据范围的准确定义是确保双方明确合作内容和边界的基础。合同中对财务数据与共享数据的范围进行明确界定，是合作成功的关键。

首先，合同应详细列出所有将被共享的财务数据类型。这不仅包括常见的财务报告如收入报表、成本分析报告、财务状况表等，还应涵盖相关的预算信息、财务预测、资产负债情况等内容。具体到每一类数据，还需要进一步明确数据的格式、精度、时间范围等属性，确保数据的共享与使用能够满足双方的实际需求。

其次，对数据共享的目的进行精确定义也同样重要。这意味着双方需要明确共享数据将用于何种分析、决策支持或其他特定目的。通过明确数据共享的目的，可以确保数据的使用不会偏离预定的范围，同时也有助于双方评估数据共享的价值和效果。

此外，考虑到可能的数据更新和变更需求，合同还应包含数据范围调整的条款。这包括在项目进展过程中，如何根据新的业务需求或市场情况，对共享的数据类型或内容进行调整的流程和条件。设置这样的条款，可以提高项目的灵活性和适应性，确保数据共享活动能够持续满足双方的实际需要。

通过在合同中对财务数据与共享数据的范围进行明确界定，双方可以在清晰的合作框架内进行有效沟通和协作，最大限度地发挥数据共享的价值，同时避免由于范围不明确带来的误解和风险。这种做法不仅有助于保护双方的利益，也是实现数据共享项目成功的重要保障。

（二）数据处理、存储与安全措施

在大数据与财务共享项目中，确保数据的安全性和保密性是至关重要的。因此，在合同中设立关于数据处理、存储与安全措施的详细条款，对于保护双方的利益和防范潜在风险至关重要。这些条款不仅涵盖技术层面的安全保障措施，还包括管理和法律层面的规定，以形成一个全面的数据保护机制。

数据加密是保护数据安全的基本措施之一。合同应要求所有传输和存储的财务数据必须通过强加密技术进行加密处理，确保数据在传输过程中和存储时不被未授权访问或窃取。加密技术的选择应符合行业标准，能有效防御当前已知的安全威胁。

访问控制措施确保只有授权的人员才能访问特定的数据。合同中应详细规定数据访问权限的分配机制，包括访问权限的申请、审批、撤销流程等。此外，还应实施用户身份验证和访问记录审计，以便在必要时追踪数据访问活动，增强数据的安全管理。

物理和网络安全策略则是保护数据中心和网络系统安全的关键。合同应要求采取适当的物理安全措施，如对数据中心的物理入侵防护、环境控制等。同时，网络安全措施，包括防火墙、入侵检测系统和安全漏洞管理，也是不可或缺的，以防止网络攻击和数据泄露。

关于数据的存储位置和存储期限，合同需要明确规定数据将被存储在何处以及存储多久，确保数据存储遵循适用的法律法规，同时满足双方的业务需求。对于敏感数据，还应考虑数据本地化的要求，避免因跨境数据传输引发的合规性问题。

合同应详细说明数据处理结束后的销毁或归还程序。这包括数据销毁的方法和标准，确保数据在不再需要时能被安全销毁，防止信息泄露。对于需要归还的数据，合同应规定归还的格式、方式和时间，以保障数据的完整性和安全性。

通过在合同中对这些关键的数据处理、存储与安全措施进行详细规定，双方可以建立起一个明确的合作框架，有效降低数据泄露或滥用的风险，保障财务共享项目的安全和顺利进行。

（三）数据主体权利的保障

在大数据与财务共享的背景下，随着数据量的急剧增长和应用场景的不断扩展，数据主体（如个人或企业）的权利保护成为一个不容忽视的重要议题。财务共享合同中对数据主体权利的保障条款，是确保合作双方尊重并保护这些权利的法律基础。这些条款不仅反映了对个人隐私和企业敏感信息的保护，也是合作双方遵守数据保护法律法规的体现。

在实际操作中，合同应明确规定数据主体行使这些权利的具体程序和时间限制，确保数据主体的请求得到及时和有效的响应。此外，合同还应规定合作双方在处理这些请求时应遵循的原则和流程，包括如何验证数据主体的身份，如何处理和响应数据主体的请求，以及在何种情况下可以合法拒绝这些请求等。

通过在财务共享合同中设立保障数据主体权利的条款，不仅体现了对数据主体权利的尊重和保护，也为合作双方提供了遵循数据保护法律法规的明确指引，增强了数据共享活动的法律合规性，为建立稳定的合作关系和保护双方的长期利益奠定了坚实的基础。

（四）法律适用与争议解决机制

在大数据与财务共享项目中，难免会出现合作双方在数据处理、使用或共享过程中出现分歧或争议。因此，合同中关于法律适用与争议解决机制的条款显得尤为重要，它为可能出现的争议提供了预先约定的解决框架,确保双方的合法权益得到有效保护,同时也有助于维护合作关系的稳定性和持续性。

首先,法律适用条款要求明确指定哪个国家或地区的法律适用于合同及其解释。在大数据与财务共享的背景下,由于数据的跨境特性,合作双方可能来自不同的法律管辖区。因此,明确适用法律对于预防和解决法律争议至关重要。这不仅关系到合同条款的解释,还涉及数据保护、知识产权、合同违约等多个方面的法律问题。

其次,争议解决机制应包括在出现争议时双方应遵循的具体解决步骤。通常,合同会优先推荐通过友好协商的方式解决争议,这有助于保持合作双方的良好关系。如果协商无法解决问题,合同还可以规定其他解决途径,如调解、仲裁或向法院提起诉讼。特别是在国际合作中,仲裁通常被视为一种有效、快速的解决跨境争议的方法,因其具有保密性强、灵活性高、执行力广泛、被国际认可等优点。

在选择争议解决机制时,合同还应考虑到解决争议的成本、程序的复杂性、解决争议所需的时间等因素,确保选定的解决机制既能有效解决问题,又能最大限度地减少双方的损失。

通过在合同中明确规定法律适用和争议解决机制,双方可以在合作初始阶段就对可能出现的争议有一个清晰的预期和应对计划,这不仅有助于快速、有效地解决问题,还能够在一定程度上预防争议的发生,为大数据与财务共享合作提供一个稳定、可预测的法律环境。

第四节　监管趋势与合规最佳实践

一、全球数据保护的监管趋势

在大数据与财务共享的领域中,全球数据保护法律的演变和监管环境的变化对企业的运营模式产生了深远的影响。随着欧盟通用数据保护条例(GDPR)和加州消费者隐私法案(CCPA)等重要数据保护法律的实施,对国际财务数据共享的影响尤为显著。这些法律不仅提高了数据处理的标准,也强化了数据主体的权利,要求企业在数据处理活动中实施更高水平的透明度和安全性。

(一) GDPR 和 CCPA 的影响

随着全球化经济的发展和数据技术的进步，国际财务数据共享已成为企业运营的常态。然而，欧盟通用数据保护条例（GDPR）和加州消费者隐私法案（CCPA）等数据保护立法的实施，标志着全球对数据隐私和安全的关注达到了前所未有的高度。这些立法不仅提高了数据处理的标准，还对跨境数据传输提出了新的挑战和要求，迫使企业必须重新审视和调整其数据管理和保护策略。

企业不仅需要在技术层面做出调整，比如采用加密技术和安全协议来保护跨境传输的数据，还需要在法律和合规策略上进行更新。这包括重新评估数据收集、处理和存储的流程，确保所有操作都符合新的法律要求。同时，企业还需要加强与数据接收国的合作，确保双方都有充分的理解和准备来应对这些新的合规要求。

此外，企业还需要定期进行合规性审查和风险评估，以确保其数据处理活动持续符合 GDPR、CCPA 以及其他相关数据保护法律的要求。这不仅涉及内部流程的优化，也可能涉及与外部合作伙伴、供应商和第三方服务提供商的合同和协议的重新谈判，以确保所有参与方都遵守相应的数据保护标准。

总之，GDPR 和 CCPA 的实施对国际财务数据共享提出了新的挑战，迫使企业必须在技术、法律和合规策略上进行全面的调整和更新。通过这些努力，企业不仅能够满足日益严格的数据保护要求，还能够在全球市场中维持竞争力和信誉。

(二) 监管机构的监管趋势

随着大数据的快速发展和财务共享的普遍应用，全球监管机构对数据透明度和数据主体权利的保护给予了前所未有的关注。这种趋势反映出了一个日益明显的监管方向——在数据驱动的经济中，保障个人隐私和数据安全不再是可选项，而是所有企业必须遵守的基本原则。这意味着，企业在进行数据共享和处理时，必须采取一系列措施，确保数据的透明度，同时赋予数据主体更多的控制权。

首先，增强数据透明度意味着企业需要向数据主体明确说明其个人数据的收集、处理和共享的目的、范围和方式。这包括但不限于在收集数据时提供清晰、易懂的隐私政策，以及在数据共享前明确通知数据主体共享的目的和对象。这种做法不仅有助于建立企业与数据主体之间的信任，也是满足监管要求的必要步骤。

其次，确保数据主体能够轻松行使其访问权、更正权和删除权等，是强化个人隐私保护的关键。这意味着企业需要建立起相应的机制和流程，允许数据主体查询自己的数据，请求更正不准确的信息，或者在某些情况下要求删除其个人数据。通过赋予数据主体这些权利，不仅符合监管要求，也展现了企业对个人隐私权的尊重和保护。

这些监管趋势要求企业在数据共享和处理过程中采取更加积极的措施来保护个人隐私。这包括投资于数据安全技术，如加密和访问控制，以及培训员工了解和遵守数据保护法律法规。同时，企业还应定期评估和更新其数据保护政策和实践，以确保它们能够适应不断变化的监管环境和技术发展。

总之，随着监管机构对数据透明度和数据主体权利保护的重视程度不断提升，企业必须更加注重在数据共享和处理活动中的个人隐私保护。通过实施透明的数据处理政策，确保数据主体权利的有效行使，企业不仅能够满足监管要求，还能在保护个人隐私的基础上促进数据的合理利用和共享。

（三）第三方服务的应用

在当今的大数据时代，财务数据共享已成为企业优化决策、提升效率的关键策略之一。随着这种趋势的发展，企业对第三方服务提供商的依赖程度不断加深，这些服务提供商的角色往往涉及财务数据的处理、分析及存储等关键环节。因此，随着数据保护法律法规的不断完善和严格，对第三方服务提供商的监管也随之增强。这一变化迫使企业必须重新审视与第三方服务提供商的合作关系，确保这些合作不仅能带来业务上的利益，同时也符合日益严格的数据保护要求。

首先，监管要求第三方服务提供商必须遵守相应的数据保护法律，如欧盟的通用数据保护条例（GDPR）或加州消费者隐私法案（CCPA）。这意味着，第三方服务提供商在处理、存储或转移数据时，必须采取适当的安全措施，保护数据不被非法访问、泄露或滥用，并确保数据处理活动的透明度和合法性。

其次，企业在选择第三方服务提供商时，必须进行严格的尽职调查。这不仅包括评估服务提供商的技术能力和服务质量，更重要的是要评估其数据保护政策和实践是否符合相关法律法规的要求。企业需要确保第三方服务提供商有能力保护好企业委托处理的财务数据，防止数据泄露和其他安全风险。

因此，企业与第三方服务提供商之间的合同中需要明确规定服务提供商在数据处理中的责任和义务。这包括但不限于数据加密、访问控制、数据备份以及在数据处理过程中的安全保障措施。此外，合同还应详细规定在发生数据泄露等安全事件时，服务提供商需要采取的应对措施，以及双方之间的通报机制和责任分配。

通过在合同中明确这些条款，企业可以确保第三方服务提供商的数据处理活动符合监管要求，同时也可以在出现数据安全事件时，快速有效地应对，减轻潜在的损失。这种做法不仅有助于保护财务数据的安全和企业的合法权益，也是企业在大数据与财务共享领域实现可持续发展的重要基础。

总之，随着全球数据保护法律的演变和跨境数据传输规定的更新，企业在进行财务数据共享时面临着更高的合规要求。为了应对这些挑战，企业需要不断更新其数据保护和隐私政策，加强对数据处理过程的监控和管理，同时与第三方服务提供商建立起基于信任和合规的合作关系。通过这些措施，企业不仅能够降低合规风险，还能在大数据与财务共享中保持竞争优势。

二、合规管理的最佳实践

在大数据与财务共享领域，随着数据量的爆炸性增长和跨境交换的频繁，合规性成为企业不可忽视的重要议题。实施合规最佳实践不仅能帮助企业避免潜在的法律风险，还能增强客户信任、提升企业声誉。以下是一系列推荐的合规最佳实践：

（一）建立健全的数据治理框架

在大数据与财务共享的领域中，建立健全的数据治理框架不仅是确保数据合规性的基础，也是企业保护数据安全、提升数据质量和效率的关键。随着数据量的激增和数据应用场景的多样化，企业面临着越来越复杂的数据管理挑战。因此，制定一套全面的数据管理政策和程序变得尤为重要。

首先，企业需要从顶层设计开始，确立数据管理的总体策略，这包括定义数据治理的目标、原则和范围。在这个基础上，企业应该明确数据的分类和归属，区分敏感数据和非敏感数据，并为不同类型的数据制定相应的管理策略。

其次，数据收集环节是数据治理的起点，企业需要确保数据的收集过程合法、合规，且符合数据最小化原则。这意味着在收集数据时，企业应当明确收集数据的具体目的，并仅收集实现这一目的所必需的数据。

在数据处理和存储环节，企业应采取适当的技术和管理措施，保护数据安全，防止数据泄露、损毁或丢失。这包括实施数据加密、访问控制、数据备份等安全措施。同时，企业还需要根据数据保护法律法规的要求，对数据处理活动进行记录和监督，确保数据处理的透明性和可追溯性。

数据传输是财务共享过程中的关键环节，企业在进行数据传输时，尤其是跨境数据传输时，需要遵守相关的数据保护法规，采取加密传输等安全措施，确保数据在传输过程中的安全。

最后，在数据的生命周期结束时，企业应根据数据保留政策和法律要求，安全、彻底地销毁或匿名化处理数据。企业需要确保数据销毁过程的安全性和有效性，防止数据在销毁过程中泄露。

总之，建立健全的数据治理框架是企业实现数据合规、保护数据安全和提升数据价值的基础。通过制定全面的数据管理政策和程序，企业不仅能够应对日益严峻的数据保护挑战，还能够在大数据与财务共享中把握机遇，实现可持续发展。

（二）加强数据安全与隐私保护

在大数据与财务共享的背景下，加强数据安全与隐私保护是确保企业持续稳定运营的关键。财务数据通常包含大量敏感信息，如员工薪资、公司收益、投资计划等，这些信息若被非法获取或滥用，将对企业造成严重的财务损失和声誉损害。因此，采取有效的安全措施来保护这些数据变得至关重要。

首先，加密技术的应用是保护数据传输和存储过程中安全的基本手段。对于财务数据的存储和传输，采用强加密标准可以有效防止数据在传输过程中被截获或在存储时被未授权访问。这包括使用SSL/TLS等协议加密数据传输过程，以及对存储在服务器或云平台上的数据进行加密处理，确保数据即使在被非法访问的情况下也无法被轻易解读。

其次，访问控制措施的实施对于防止数据泄露同样重要。通过建立严格的权限管理和访问控制机制，确保只有经过授权的员工才能访问敏感的财务数据。这涉及对用户进行身份验证、分配最小必要权限、监控和记录访问行为等多个方面。此外，定期审查和调整访问权限，以及对员工进行数据安全意识培训，都是保障数据安全的必要措施。

最后，数据分类管理是实现精细化数据保护的有效策略。通过对财务数据进行分类，根据数据的敏感程度和重要性采取不同级别的保护措施，可以确保关键数据得到更加严格的保护。例如，对于包含个人隐私或公司机密的高敏感性数据，可以采取更高级别的加密、更严格的访问控制和更频繁的安全审计。

综上所述，加强数据安全与隐私保护是保障财务数据安全不可或缺的环节。通过采用先进的加密技术、实施严格的访问控制措施以及执行数据分类管理，企业能够有效地防范数据泄露和滥用风险，保护企业及其客户的利益，从而在数据驱动的商业环境中保持竞争力和信誉。

（三）合规性审计与风险评估

在大数据与财务共享领域，随着数据量的激增和利用范围的扩展，企业面临的合规性挑战和风险也日益增多。合规性审计与风险评估成为企业管理和保护数据资产，确保业务操作合法合规的重要工具。通过这些过程，企业不仅能够及时发现并解决潜在的合规性，还能够有效识别和降低运营风险，保障企业长期稳定发展。

合规性审计是检查企业数据处理活动是否遵守相关数据保护法律法规和行业标准的过程。这包括但不限于欧盟的通用数据保护条例（GDPR）、加州消费者隐私法案（CCPA）等。审计过程中，企业需要评估数据收集、处理、存储、传输和销毁等各个环节的合规性，确保所有数据活动都有明确的法律依据，符合数据最小化和透明度原则。合规性审计还应检查企业是否有足够的安全措施来保护数据免受未授权访问和泄露，以及是否有有效的数据主体权利保护机制。

风险评估则是一个更为主动的过程，旨在识别和评估数据处理活动中可能出现的风险，包括数据泄露、滥用、丢失或被篡改的风险。风险评估过程中，企业需要考虑各种内外部因素，如技术漏洞、人为错误、恶意攻击等，以及这些因素对企业运营安全、财务状况和声誉可能产生的影响。

为了确保合规性审计和风险评估的有效性，企业应该建立一个跨部门的团队，负责这些活动的规划和执行。此外，企业还应该考虑定期更新审计和评估的方法和工具，以适应不断变化的技术环境和法律要求。

通过定期进行合规性审计和风险评估，企业不仅能够及时发现和解决合规性问题，还能够主动识别和降低运营风险，为企业的可持续发展奠定坚实的基础。这些活动是企业在大数据与财务共享领域实现合法、安全和高效运营的重要保障。

(四) 员工培训与意识提升

在大数据与财务共享的背景下，数据的安全性和隐私保护成了企业运营的重要组成部分。随着数据保护法律法规的不断发展和完善，如欧盟的通用数据保护条例（GDPR）和加州消费者隐私法案（CCPA），对企业的数据处理活动提出了更高的要求。在这种情况下，员工培训与意识提升不仅是实现数据保护目标的重要环节，更是企业维护数据安全、遵守法律法规和构建信任关系的关键。

首先，定期的员工培训可以确保所有员工对当前的数据保护法律法规有足够的认识和理解。这种培训应该涵盖数据保护的基本原则、员工在日常工作中可能遇到的数据保护问题以及违反数据保护法律可能带来的后果等内容。通过这样的培训，员工能够更好地理解自己在数据处理过程中的责任和义务，从而在工作中做出合法和合理的决策。

其次，强化员工在日常工作中遵守企业数据保护政策的意识对于防止数据泄露和滥用至关重要。企业应该通过培训和其他形式的沟通，如内部通信、工作坊等，不断强调数据保护的重要性，以及员工在保护数据安全中扮演的角色。此外，通过设立明确的数据处理指导原则和操作流程，可以帮助员工在处理财务数据时遵循最佳实践，降低违规风险。

最后，企业还应该鼓励员工主动识别和报告潜在的数据安全问题。这可以通过建立一个开放和非惩罚性的报告机制来实现，确保员工在发现数据处理不当或安全漏洞时，能够及时向管理层报告，而不必担心受到惩罚。这种积极的安全文化不仅能够及时发现和解决数据安全问题，还能够增强员工对企业数据保护政策的认同感和参与感。

综上所述，员工培训与意识提升是实现数据保护目标、防止数据泄露和滥用的有效方法。通过定期的培训和沟通，不仅能够提升员工的数据保护意识，还能够帮助企业构建一个安全、合规和信任的数据处理环境，为企业的长期成功奠定坚实的基础。

第六章　企业内部大数据驱动的财务共享

第一节　大数据在企业内部财务共享的应用

一、企业内部财务共享的内涵

企业内部财务共享服务模式是现代企业追求高效率、低成本运营的关键策略之一。这一模式通过集中处理企业内部的财务活动，如账务处理、财务报告、预算编制和财务分析等，旨在提升服务质量、优化资源分配，并实现经济规模效益。随着全球市场竞争的加剧和经营环境的不断变化，企业越来越认识到，传统的分散式财务管理模式已无法满足快速响应市场变化的需求。因此，财务共享服务成了提高财务管理效率和效果的重要工具。

在财务共享服务模式下，企业可以通过标准化流程、提高自动化水平和集中数据管理来减少冗余操作，降低错误率，并缩短财务报告周期。此外，这种模式还有助于企业更好地利用财务数据进行战略规划和决策支持，因为集中的数据管理提供了更一致、更准确的数据基础。通过构建一个跨地域、跨业务单元的财务服务中心，企业不仅能够实现成本效益，还能在全球范围内统一财务政策和流程，提高整体财务管理的透明度和可控性。

然而，实施财务共享服务也面临着挑战，如需要管理好跨文化和跨地区团队的沟通、确保服务质量的一致性以及在转型期间维护业务连续性等。为了克服这些挑战，企业需要不断优化其财务共享服务中心的运营模式，包括采用先进的信息技术、提高人员的专业技能以及建立有效的内部控制和风险管理机制。

总体来看，企业内部财务共享服务模式不仅能够帮助企业降低成本、提高效率，还能为企业带来更加深入的财务洞察，支持更明智的决策制定。随着技术的进步和管理理念的更新，财务共享服务将继续演进，为企业的可持续发展提供强有力的支撑。

二、大数据在企业内部财务共享中的应用

（一）优化处理流程

在现代企业管理中，大数据与财务共享结合，尤其在自动化与优化财务流程方面，展现出巨大的潜力。这种结合不仅能够提高财务报告和分析的准确性，还能显著提升整个财务管理的效率和效果。

1. 大数据优化企业内部数据搜集的流程

在当今数据密集型的商业环境中，大数据技术的应用对于企业财务共享服务中心（FSSC）的影响是巨大的。通过利用大数据技术，企业不仅能够实现对来自各个业务单元的庞大财务数据的自动收集和处理，而且这种自动化处理显著减少了由于人为因素引起的错误，大幅提升了数据处理的速度和效率。在这个过程中，大数据工具的作用不可小觑，它们能够自动识别、匹配和整合来自不同来源和格式的财务数据，确保了数据在整个企业内的一致性和准确性。这一点对于财务共享服务中心来说至关重要，因为它们负责整合和处理来自企业各地、各部门的复杂数据，任何数据的不一致性都可能导致错误的财务分析和报告。

此外，大数据技术的应用不仅限于数据的收集和整合。它还使得财务共享服务中心能够通过高级数据分析和机器学习算法，从这些数据中提取有价值的洞察。这种深度分析能力为企业提供了前所未有的财务透明度和洞察力，使决策者能够基于更全面、更准确的数据做出决策。例如，通过分析销售数据、成本数据和市场趋势，企业可以更准确地预测未来的财务表现，从而做出更加明智的投资和预算决策。

不仅如此，大数据技术还支持在财务共享服务中实施实时监控和预警系统。这些系统能够实时监控关键财务指标，一旦发现异常情况，就能立即报警，从而使企业能够迅速响应，及时调整策略，避免潜在的财务风险。

然而，要充分利用大数据在财务共享服务中的潜力，企业需要投资于相关的技术和培训。这包括购买和维护先进的数据分析工具，以及培训财务和IT人员，使他们能

够有效地使用这些工具。此外，企业还需要确保数据的安全性和合规性，特别是在处理敏感的财务信息时。

2. 帮助企业洞察财务运营

大数据技术的进步为企业提供了前所未有的能力，尤其是在财务共享服务领域，它使企业能够深入洞察财务运营，实现更高效的资源利用和更精准的风险管理。通过对庞大的财务数据集进行分析，企业不仅可以发现降低成本的机会，还能预测财务趋势，从而优化资金分配和加强风险控制。机器学习和人工智能技术的应用进一步增强了大数据平台的分析能力，使其能够通过历史数据和实时数据分析自动识别出异常模式和趋势，预测企业的未来财务表现。

这种高级分析不仅仅是关于数据处理的自动化，更重要的是，它能够揭示数据背后的深层次关系和潜在的影响因素，如市场变动、消费者行为变化以及宏观经济趋势等，从而为企业提供更为全面和深入的财务洞察。利用这些洞察，企业可以更加主动地调整财务策略，实现成本效益的最大化。同时，通过预测模型识别潜在的财务风险和不确定性，企业能够在风险发生前采取预防措施，保护自身免受重大财务损失。

此外，大数据分析还促进了企业在财务共享服务中实现更高级的决策支持功能。通过构建复杂的数据模型和算法，企业能够模拟不同的财务决策场景，评估其可能的财务影响，从而在做出重大投资、资金调配或成本控制决策前，能够基于数据进行全面的风险—收益分析。这种数据驱动的决策过程不仅提高了决策的准确性和效率，也使企业能够更加灵活和迅速地应对市场变化，抓住成长机会。

总之，大数据与财务共享的结合，通过提供深入的财务洞察和预测能力，为企业带来了无可比拟的价值。这种技术的应用不仅使企业能够优化财务管理，提高操作效率，还使其在不断变化的商业环境中保持竞争优势，通过数据驱动的决策支持，主动管理风险，抓住市场机会。随着大数据技术的不断发展和成熟，其在企业财务共享服务中的应用将变得更加广泛和深入，为企业带来更多的创新和价值。

3. 报告自动化

大数据技术在财务共享领域的应用，尤其在报告自动化方面，已经成为企业提高财务报告效率和质量的关键工具。这种技术的进步意味着复杂的财务报告可以在短时间内自动生成，不仅大幅度提高了报告的生成速度，而且确保了报告内容的准确性和细节丰富度。这种自动化过程显著减少了财务团队在手动编制报告上的时间消耗，从而释放了宝贵的人力资源，使财务专业人员能够将更多的精力投入到更为重要的工作，如数据分析、战略规划和决策支持上。

大数据技术的应用还促进了财务数据的实时可视化和动态监控，通过构建高效的仪表板和数据可视化工具，管理者能够随时掌握企业的财务状况和业绩变化。这些实时的数据可视化工具不仅使财务报告更加直观易懂，还加快了信息传递的速度，使决策者能够基于最新的数据做出更加迅速和信息支持的决策。此外，通过设置预定的关键绩效指标（KPIs）和警报系统，企业可以实时监测财务性能和风险指标，一旦发现偏离预期的情况，系统便能自动提示管理层，从而使企业能够及时调整策略，应对潜在的风险和挑战。

此外，大数据技术在财务报告自动化中的应用，还带来了更高级别的个性化和定制化报告能力。企业可以根据不同管理层或部门的特定需求，定制化财务报告内容和格式，这不仅提高了报告的实用性，也增强了报告的针对性和有效性。通过深度学习和人工智能算法，大数据平台能够自动识别和学习用户的偏好和需求，进一步优化报告的自动生成过程，使之更加符合用户的具体要求。

总之，大数据技术在财务共享服务中的应用，特别是在报告自动化方面，不仅极大地提高了财务报告的效率和准确性，还为企业管理层提供了实时、直观的财务信息，支持快速和信息化的决策过程。随着技术的不断进步，预计未来大数据将在财务报告和分析领域发挥更加重要的作用，帮助企业实现更高效、更智能的财务管理。

（二）优化企业内部控制成本

1. 自动化与效率提升

大数据技术在财务管理领域的应用，正成为推动企业效率提升和成本控制的重要力量。通过自动化的数据收集和分析过程，大数据技术显著减少了对手动操作的依赖，这对于加快决策速度、提高决策质量具有不可小觑的作用。具体来说，以下几个方面展示了大数据如何在财务管理中发挥其强大功能。

（1）实时数据分析与决策支持

大数据技术能够处理海量的数据，并从中快速提取有用信息。在财务管理中，这意味着企业可以通过实时追踪物料需求和供应情况，立即获得生产计划和库存水平的关键指标。这种实时的数据分析能力使企业能够迅速响应市场变化，自动调整生产计划，优化库存水平，从而减少过剩或短缺的情况。例如，如果数据分析显示某一原材料的需求量将会增加，企业可以提前增加该物料的采购量，避免因供应不足而导致的生产延误。

（2）成本效益的提高

通过自动化数据收集和分析，企业能够更精确地计算成本和利润，识别出成本过高或利润低下的产品线或服务。这种精细化管理有助于企业重新评估和调整其产品组合和服务提供，确保资源被分配到最有利可图的部分。此外，大数据技术还可以帮助企业优化其供应链管理，通过分析供应商表现、物流成本和市场需求等数据，企业可以选择成本效益的供应链路径，降低采购和运输成本。

2. 成本可见性

大数据在财务管理领域的应用正在彻底改变传统的成本控制和优化方法。通过深入的成本可见性，大数据分析提供了一种全新的方式来理解和管理企业的财务健康状况。这里将探讨大数据如何通过增加成本透明度，帮助企业识别和解决成本相关问题，从而实现更有效的财务管理。

（1）增强成本透明度

大数据技术通过集成和分析来自企业内部不同部门的大量数据，能够揭示成本构成的细节，这在以往的财务管理实践中是难以实现的。例如，通过分析生产、销售、物流等各环节的数据，企业能够精确地追踪到每一笔开销的去向，从而识别出哪些环节的成本高于行业标准或预期目标。

（2）识别成本节约机会

通过大数据分析，企业可以发现成本过高的具体原因，这些原因可能包括过时的生产技术、效率低下的供应链管理、资源分配不当，或是采购策略不佳等。识别这些问题后，决策者可以有针对性地采取措施，如引入更先进的生产技术，优化供应链结构，重新分配资源或调整采购策略，从而达到成本节约的目的。

（3）优化采购策略

大数据分析可以帮助企业更好地理解市场价格波动和供应商表现，从而在采购时做出更明智的决策。通过分析历史价格数据和供应商交付历史情况，企业可以识别最佳的采购时机和最可靠的供应商，实现成本效益最大化。

（4）供应链优化

供应链是企业成本控制的关键环节。大数据分析能够提供对供应链各环节的深入洞察，帮助企业发现低效和成本高的环节。通过优化物流路径、改进库存管理、选择性能更好的供应商，企业可以大幅度降低物流和存储成本，提高整体供应链的效率和效果。

（5）重新设计工作流程

大数据不仅能帮助企业发现成本问题，还能提供解决方案。通过对企业内部流程的深入分析，大数据可以帮助企业识别出流程中的瓶颈和浪费点。基于这些信息，企业可以重新设计工作流程，消除不必要的步骤，简化操作，从而实现更高的工作效率和成本节约。

总之，大数据技术为企业提供了前所未有的成本可见性和分析能力。通过深入分析各部门的开支数据，企业不仅可以识别出成本过高的区域，还能理解背后的原因，并据此采取有效措施，如调整采购策略、优化供应链、重新设计工作流程等，以实现成本的有效控制和优化。这种以数据为基础的决策过程，无疑将推动企业财务管理向更高效、更透明的方向发展。

3. 预测分析

大数据技术在财务管理中的应用正变得日益重要，尤其是其在预测未来趋势方面的能力。这种预测能力为企业提供了前所未有的优势，使其能够基于历史数据和算法分析，对未来的成本趋势做出准确预测，并据此制定策略，以应对可能的变化。以下将进一步探讨大数据如何在财务管理中发挥其预测功能，帮助企业更好地准备和应对未来的挑战。

（1）预测原材料价格变动

在许多行业中，原材料成本占据了企业总成本的大部分，因此原材料价格的波动直接影响企业的利润。通过大数据技术，企业可以分析原材料价格变动的历史数据，识别出价格波动的模式和趋势。这种分析不仅包括直接的价格变化，还涵盖了影响价格的外部因素，如季节性因素、政策变动、市场需求等。基于这些复杂的数据分析，企业可以预测未来原材料的价格走势，如果预测到价格上涨，企业可以提前采购，锁定较低的价格，从而避免未来成本的上升。

（2）优化生产计划和库存管理

大数据技术的预测能力同样适用于销售趋势和市场需求的预测。企业可以利用历史销售数据、市场趋势、消费者行为分析等信息，预测未来一段时间内的产品需求。这种预测对于生产计划的制定至关重要，帮助企业在保证满足市场需求的同时，避免过度生产和库存积压。例如，如果大数据分析显示某一产品的需求将会下降，企业可以相应减少该产品的生产量，调整库存水平，避免资金被过多地占用在不畅销的库存上。

（3）动态调整财务策略

除了原材料采购和库存管理之外，大数据的预测能力还可以帮助企业在更宽泛的范围内动态调整财务策略。这包括资金流管理、投资决策、债务管理等方面。例如，通过预测现金流趋势，企业可以提前识别可能的资金短缺期，提前安排融资或调整支出，以保证企业的流动性。同样，通过分析市场趋势和经济指标，企业可以预测投资回报率，做出更加明智的投资决策。

（4）应对市场变化的灵活性

最终，大数据技术的预测能力提高了企业对市场变化的应对灵活性。在不断变化的市场环境中，能够快速准确地预测未来趋势的企业，能够更有效地制定战略，优化资源配置，降低风险，提高竞争力。这种灵活性和适应能力，是企业在当今复杂多变的商业环境中生存和发展的关键。

4. 风险管理

大数据的应用在财务管理领域正逐渐成为企业风险管理的关键工具，尤其在识别和控制与成本相关的风险方面表现出巨大的潜力。通过对市场动态、供应商表现以及内部操作数据的深入分析，大数据不仅能帮助企业揭示潜在的风险因素，还能促使企业在风险发生之前，就已经准备好了有效的应对策略。以下将进一步探讨大数据如何使企业能够更加有效地管理这些风险，确保财务稳定和业务连续性。

（1）识别市场和供应链风险

在全球化的经济环境下，市场和供应链风险对企业的影响越来越大。大数据技术能够实时监控市场变化和供应链状态，分析各种外部因素如经济波动、自然灾害等对供应链和成本的潜在影响。通过这种分析，企业可以预见到可能的供应中断或成本上升的风险，并据此调整其采购策略和库存管理，减少风险对业务的影响。

（2）评估供应商表现

供应商的稳定性和可靠性对于企业来说至关重要。大数据可以通过收集和分析供应商的交货记录、质量控制数据和价格波动信息，帮助企业评估各供应商的表现。例如，如果分析发现某个供应商经常延迟交货，大数据可以揭示这一不良模式，促使企业重新考虑其与该供应商的合作关系。选择更可靠的供应商不仅可以减少因延迟交货导致的直接成本增加，还可以避免因生产中断而导致的间接损失。

（3）监控内部操作效率

大数据技术还可以被用来监控企业内部的操作效率，识别流程中可能存在的浪费和低效环节。通过分析生产过程、物流操作和员工绩效数据，企业可以发现导致成本无谓增加的内部问题。例如，如果数据分析显示某个生产环节的延误频繁导致整体生产效率下降，企业可以针对性地调整该环节，通过提高效率来降低成本。

（4）提前制定应对策略

大数据不仅可以帮助企业识别风险，还能在风险发生前就制定出有效的应对策略。通过模拟不同的风险情景和应对方案，企业可以评估各种策略的潜在影响和效果，从而选择最佳的风险管理策略。这种预先的准备工作使企业在面对突发事件时能够迅速反应，最大限度地减少风险事件对财务和业务的影响。

总之，大数据技术在财务管理中的应用，特别是在风险管理方面，为企业提供了一个强大的工具，帮助它们更好地理解和应对与成本相关的风险。通过对市场动态、供应商表现和内部操作数据的深入分析，企业不仅能够识别潜在的风险因素，还能在风险发生之前，就已经准备好了有效的应对策略。这种能力不仅提高了企业的财务稳定性，也增强了其在复杂多变的市场环境中的竞争力。

（三）企业内部财务风险预测

在当今的商业环境中，企业面临着来自各方面的财务风险，其中不乏源自企业内部的风险。有效识别和管理这些风险是确保企业稳定发展的关键。幸运的是，大数据技术为企业提供了一个强大的工具，可以帮助他们更好地识别内部财务风险，并进行事前的风险管理。以下内容将详细探讨大数据如何在企业内部财务风险预测中发挥关键作用。

1. 实时监控和分析

大数据技术的进步为财务管理领域带来了巨大的变化，尤其是在实时监控和分析财务数据的能力上。这种技术的应用使得企业能够在前所未有的细节和速度层面上，对财务流水、成本、收入以及其他关键财务指标进行监控。这不仅提高了企业对财务状况的透明度，也极大增强了其对市场变化和内部问题的应对能力。

（1）实时数据分析的优势

利用大数据技术，企业可以对海量财务数据进行实时分析，这包括但不限于销售数据、采购成本、运营开支等。通过这些数据的实时分析，企业可以及时发现任何异常情况，如意外的成本增加、收入减少或资金流动性的变化。例如，如果某个产品的生产成本突然增加，大数据分析可以迅速指出成本上升的原因，无论是原材料价格上涨、生产效率下降，还是其他因素。

（2）风险识别与响应

大数据技术的应用不仅限于监控和分析，它还能帮助企业预测未来的财务趋势，并识别潜在的风险。通过对历史数据的深入学习和模式识别，企业可以预见到可能出现的风险，比如市场需求下降导致的收入减少，或是货币贬值引起的成本上升。这种预警机制使企业能够在风险实际发生之前，就采取措施进行应对，比如调整销售策略，或是对冲货币风险，从而有效避免或减轻损失。

（3）优化决策制定

实时监控和分析财务数据的能力，为企业的决策制定提供了坚实的数据支持。基于大数据分析得出的洞察，企业能够更加精确地制定预算，优化资源分配，以及调整业务策略。此外，大数据技术还能帮助企业改进财务报告的质量和速度，确保所有利益相关者，包括投资者、管理层和监管机构，都能够快速获得准确的财务信息。

（4）提升运营效率

除了风险管理和决策支持，大数据技术还可以通过优化企业的财务流程，提升整体的运营效率。比如，通过自动化财务报告的生成过程，减少人工错误，提高报告的准确性和时效性。同时，大数据分析可以揭示成本节约的机会，比如指出能够优化的供应链环节，或是过度开支的业务领域。

总之，大数据技术在财务管理领域内的应用，为企业提供了一个强有力的工具，以实时监控和分析财务数据，识别和管理潜在的财务风险，优化决策制定过程，以及提升整体的运营效率。通过这些方式，企业能够在竞争激烈的市场环境中保持灵活性和竞争力，从而实现可持续的发展。

2. 预测分析

大数据技术在财务管理中的应用远远超越了简单的监控和模式识别功能，它的预测分析能力为企业提供了前所未有的优势。通过对历史财务数据进行深入的分析，企业能够构建复杂的预测模型，这些模型能够预测未来的财务趋势和潜在风险。这种预测能力对于企业来说至关重要，因为它可以帮助企业提前识别可能的财务问题，并制定有效的风险缓解计划和应对策略。

（1）构建预测模型

构建预测模型的第一步是收集和整理历史财务数据。这包括了收入、支出、资产、负债以及其他相关的财务指标。然后，通过大数据分析技术，如机器学习和人工智能，企业可以分析这些数据，识别出影响财务状况的关键因素和模式。基于这些发现，企业可以构建预测模型，预测未来的收入、支出和其他财务指标的变化趋势。

（2）预测财务趋势和风险

利用构建好的预测模型，企业可以预测未来的财务趋势，如市场需求的变化、成本的上升或下降、资金流动性的波动等。同时，模型还能预测潜在的财务风险，比如信用风险、市场风险、操作风险等。这种预测不仅基于历史数据，还可以结合行业趋势、经济指标和市场情况，使得预测结果更加准确和全面。

（3）制定风险缓解计划和应对策略

拥有了对未来财务趋势和潜在风险的预测，企业就可以提前准备，制定出相应的风险缓解计划和应对策略。这些策略可能包括调整财务预算、优化资产配置、增强资金流动性管理、采取对冲措施等。通过这样的预先准备，企业能够有效预防可能的财务问题，降低不利影响，从而保持在竞争激烈的市场中的稳定性和增长潜力。

（4）持续优化预测模型

值得注意的是，财务管理的环境不断变化，因此预测模型也需要不断地调整和优化。企业应该定期回顾模型的预测结果，与实际发生的情况进行比较，识别预测的偏差和原因。然后，根据新的数据和信息，调整和优化模型，以提高未来预测的准确性。

总之，大数据技术为企业财务管理带来的预测分析能力，为企业提供了一个强大的工具，帮助他们更好地理解和预测未来的财务趋势和风险。通过这种能力，企业不仅能够提前准备，有效地管理和减轻潜在的财务风险，还能在不断变化的市场环境中保持稳定和增长。

3. 决策支持

大数据分析提供的深入洞察和预测信息为企业决策提供了有力支持。企业管理层可以利用这些信息进行更加科学的风险管理和决策制定。无论是在日常运营中调整财务策略，还是在面对重大投资决策时评估风险，大数据技术都能提供必要的信息支持，帮助企业做出更合理、更有前瞻性的决策。

总之，大数据技术在帮助企业识别和管理来自企业内部的财务风险方面发挥着至关重要的作用。通过实时监控、模式识别、预测分析以及决策支持，大数据使企业能够有效地进行事前风险管理，从而维护财务稳定，支持业务的持续发展和增长。随着大数据技术的不断进步和应用，企业将能够更加有效地应对内部财务风险，确保长期的竞争优势。

第二节 部门间数据共享与财务协同

一、部门间数据共享与财务协同的重要性

部门间数据共享与财务协同在现代企业管理中扮演着至关重要的角色。这一战略不仅优化了财务管理过程，还提升了整个组织的决策质量和运营效率。以下是对其重要性的详细分析：

通过部门间的数据共享，管理层可以获得一个全面的数据视图，这包括了销售、市场、生产、人力资源等多个部门的数据。这种全面的视角使得决策更加全面，考虑到了企业运营的各个方面，从而提高了决策的质量。财务协同促进了基于数据的决策制定。通过分析和整合不同部门的数据，企业可以更准确地预测市场趋势、评估风险、制定策略，从而做出更加明智的决策。

数据共享和财务协同可以推动财务流程的自动化。这不仅减少了人力成本，还提高了工作效率和准确性。在没有数据共享的情况下，不同部门可能需要独立收集和处理相似的数据，这造成了大量的重复工作。数据共享可以确保所有部门都能够访问到同一数据集，从而减少重复劳动，提高工作效率。部门间数据共享和财务协同自然促进了跨部门的沟通与合作。这种跨部门的协作可以带来更多的创新思路，提高问题解

决的效率，同时增强了团队之间的协同作用。共享数据和财务信息有助于所有部门对企业的目标和策略有一个统一的理解。这种统一性是实现组织目标的基础，有助于所有团队成员朝着相同的方向努力。

通过实时监控和分析不同部门的财务数据，企业可以及时发现成本过高的区域，从而采取措施进行成本控制。部门间的数据共享和财务协同有助于更好地识别和管理财务风险。例如，通过分析不同部门的财务数据，企业可以预测到现金流短缺的风险，并提前做好准备。

部门间的数据共享使得财务报告过程更加透明，所有相关部门都能清楚地了解财务状况和决策依据。在许多行业中，合规性都是企业必须面对的重要问题。数据共享和财务协同可以帮助企业更好地满足财务报告和审计的合规要求。

总之，部门间的数据共享与财务协同对于现代企业来说至关重要。它不仅提高了决策的质量和运营的效率，还加强了内部的协作和透明度，同时优化了财务管理和风险控制。在竞争日益激烈的市场环境中，有效地实施数据共享和财务协同策略，对于企业的成功和持续增长至关重要。

二、利用大数据促进部门间数据共享和财务协同

在大数据时代，数据共享已经成为推动财务管理进步的一个关键因素。通过跨部门的数据共享，企业能够显著优化财务报告和分析，进而提高财务透明度和预测的准确性。此外，实施部门间协同的财务协同策略，如集中化财务处理和建立共享服务中心，可以进一步提升财务管理的效率和效果。以下是对这些观点的详细分析：

（一）数据共享对财务管理的促进作用

1. 优化财务报告和分析

通过部门间的数据共享，企业可以获得更全面、更准确的数据资源，这对于财务报告和分析至关重要。例如，销售部门的实时销售数据和生产部门的成本数据可以直接用于制定更加精确的财务报告。这种跨部门的信息整合，不仅减少了数据收集和处理的时间，还提高了报告的准确性和可靠性。

2. 提高财务透明度和预测准确性

数据共享还可以显著提高财务透明度，使得管理层、投资者及其他利益相关者能

够更好地理解企业的财务状况和业绩。同时，通过分析来自不同部门的数据，企业可以更准确地预测未来的财务趋势，如收入增长、成本变化等，从而做出更为明智的财务决策和策略调整。

（二）部门间协同的财务协同策略

1. 集中化财务处理

集中化财务处理作为一种高效的财务协同策略，在现代企业管理中发挥着越来越重要的作用。通过将财务事务的处理集中到一个中央部门或中心，企业能够在多个层面上实现优化，从而提高整体的财务管理效率并显著降低运营成本。这种策略的实施，特别是在大数据时代，为企业提供了前所未有的机遇，使得财务管理更加高效、精确和一致。

（1）集中化财务处理的具体优势

①提高效率

集中化的模式允许企业通过专门的财务中心来处理所有财务相关事务，包括但不限于账单处理、财务报告的生成、预算编制和财务规划等。这种模式下，由于专业团队的集中处理，财务处理的速度和效率得到大幅提升。同时，通过集中管理，可以更好地应用自动化工具和软件，进一步提高处理速度和减少人为错误。

②降低成本

通过集中处理财务事务，企业可以在一定程度上减少对分散财务人员的需求，从而降低人力成本。此外，集中化财务处理还可以优化资源分配，减少资源浪费，比如通过统一采购财务软件和服务来降低成本。长期来看，这种模式能够为企业带来可观的成本节约。

③减少重复工作

在非集中化的财务管理体系中，不同部门可能会独立进行相同或相似的财务处理工作，导致重复劳动和效率低下。集中化财务处理通过统一的平台和流程，消除了这种重复工作，确保了工作的高效进行。

④确保财务处理的一致性和标准化

集中化财务处理有助于统一财务政策和程序，确保所有财务活动都按照统一的标准和最佳实践进行。这不仅提高了财务报告的质量，也增强了企业对外部监管要求的适应性和响应性。

(2) 面临的挑战与解决策略

尽管集中化财务处理带来了多方面的优势，企业在实施过程中也可能面临挑战，如变革管理、数据整合和跨部门协作等。为了克服这些挑战，企业需要采取有效的策略，如进行充分的变革管理培训，使用先进的大数据技术来整合和分析财务数据，以及建立跨部门沟通和协作机制，确保集中化财务处理的顺利实施和运行。

总的来说，集中化财务处理在大数据背景下为企业提供了一个有效的财务管理解决方案。通过提高效率、降低成本、减少重复工作，并确保财务处理的一致性和标准化，企业能够在竞争激烈的市场中保持灵活性和竞争力。

2. 共享服务中心的建立

共享服务中心作为促进财务协同的有效方式，在现代企业管理中扮演着越来越重要的角色。它通过整合企业内部的财务服务、人力资源管理、IT支持等核心支持功能，为不同的业务部门提供标准化、高效的服务。这种模式的实施，尤其在大数据的背景下，为企业提供了优化运营流程、提高决策效率和降低成本的巨大潜力。

(1) 提升服务质量和效率

共享服务中心通过集中处理特定的业务流程和服务请求，能够更加专注于服务质量的提升和流程的优化。例如，在财务领域，共享服务中心能够统一处理账务管理、财务报告和预算编制等任务，确保所有财务活动都遵循相同的高标准。此外，通过应用自动化工具和先进的数据分析技术，共享服务中心可以大幅提高处理速度，减少人为错误，从而提高整体的工作效率。

(2) 实现规模经济

共享服务中心模式允许企业通过集中资源来实现规模经济。这不仅包括财务资源，还涉及人力资源和技术资源。通过避免各个部门重复建设相同的支持功能，企业可以更有效地分配和利用资源，如集中采购软件和服务、统一培训员工等，从而降低成本并提高资源使用效率。

(3) 降低整体运营成本

共享服务中心通过优化业务流程、提高资源利用效率和实现规模经济，显著降低了企业的整体运营成本。除了直接的财务节约，共享服务中心还可以减少企业对外部服务的依赖，避免外包带来的额外成本和风险。同时，集中化的服务管理还能提高费用的可预测性，为企业的长期财务规划提供支持。

（4）面临的挑战与应对策略

尽管共享服务中心带来了诸多好处，但其实施过程也可能面临挑战，包括文化适应、流程标准化和技术整合等问题。为了克服这些挑战，企业需要进行详尽的规划和准备，包括对员工进行充分的培训和沟通，确保流程的顺利转移，以及采用适合的技术平台来支持服务中心的运营。

总之，共享服务中心为企业提供了一个强大的平台，通过集中处理财务服务、人力资源管理和IT支持等功能，不仅能提升服务质量和效率，还能实现规模经济，降低运营成本。在大数据的辅助下，共享服务中心能够更有效地利用企业数据资源，进一步优化财务管理和业务决策，为企业的持续成长和竞争力提供强有力的支持。

三、实施步骤

实现部门间数据共享和财务协同是现代企业在追求效率和竞争力提升过程中的重要策略。这一过程不仅涉及技术的应用，还包含了组织文化和流程管理的变革。以下是实施部门间数据共享和财务协同的具体步骤。

1. 明确目标和需求

在今天的数据驱动时代，大数据与财务管理的结合不仅是一种趋势，更是企业提升竞争力的必然选择。实施数据共享和财务协同对于实现成本节约、提升运营效率以及改善决策质量具有重要意义。为了确保这一战略的成功实施，企业首先需要明确其目标和预期成果，这包括但不限于以下几个方面。

（1）明确实施目标

①成本节约

通过部门间的数据共享，企业可以减少重复的数据处理工作和相关的人力成本，同时，更好的数据整合和分析能够帮助企业发现成本控制的新机会，从而实现成本的有效节约。

②效率提升

数据共享和财务协同能够加速信息流通，减少数据处理时间，提高数据处理的效率。这不仅使得财务报告更加及时准确，还能加快决策过程，提升整个企业的运营效率。

③决策质量改善

通过整合来自不同部门的数据，企业能够获得更全面的业务视图，为决策提供更丰富的信息支持。大数据分析还能揭示深层次的业务洞察，帮助管理层做出更加明智的决策。

（2）调研数据需求

实施数据共享和财务协同的第一步应是调研各部门的具体数据需求。这一过程涉及识别和评估各部门对数据的需求，包括数据的类型、格式、频率等。

数据类型与格式：明确各部门所需数据的具体类型（如销售数据、财务数据、客户数据等）和格式（如表格、报告、图表等），以便于数据的准确共享和有效利用。

数据更新频率：根据不同部门的业务需求，确定数据更新的频率，确保数据的时效性和准确性。

安全性和隐私要求：考虑到数据共享可能涉及敏感信息，必须明确数据的安全性和隐私保护要求，确保数据共享在合规的前提下进行。

通过这些具体的步骤，企业可以为数据共享和财务协同奠定坚实的基础，从而有效地利用大数据技术优化财务管理，推动企业的持续发展和竞争力提升。

2. 建立跨部门工作组

在实施大数据与财务管理的数据共享和财务协同项目中，创建一个跨部门工作组是确保项目成功的关键步骤。这个工作组的组建，涉及来自企业内不同领域的专家和领导，确保了从项目规划到执行阶段各方面需求的全面覆盖和高效协调。以下是这个工作组在项目中扮演角色和职责的具体拓展。

（1）工作组的组成和角色

①多部门代表

工作组应包括来自财务、IT、运营、销售等关键部门的代表。这样的多元化组成有助于确保项目在实施过程中考虑到各个角度的需求和挑战，同时促进跨部门之间的理解和合作。

②领导层支持

为了保证工作组的决策权和项目的顺利推进，工作组中应该包含企业的中高层管理人员。他们的参与可以加速决策过程，提供必要的资源支持，并在遇到重大挑战时做出关键决策。

(2) 工作组的职责

①项目整体规划

工作组负责制定项目的整体规划,包括明确项目目标、制定实施时间表、分配资源和确定关键里程碑。这一规划工作是项目成功的基础,需要考虑到项目的可行性、成本效益以及预期成果。

②协调各部门工作

在数据共享和财务协同的实施过程中,需要各个部门紧密合作,共享数据和资源。工作组需要协调这些部门之间的工作,确保信息流畅交流,协同高效进行。这包括定期组织会议,监控项目进度,以及调解可能出现的部门间冲突。

(3) 解决实施过程中的问题

在数据共享和财务协同的实施过程中,可能会遇到技术、法律或组织文化等方面的挑战。工作组需要积极识别这些问题,并制定有效的解决方案,保证项目按计划推进。

(4) 评估和优化

项目实施后,工作组还需要负责评估项目成果,包括成本节约、效率提升以及决策质量的改善等。根据评估结果,工作组应提出优化建议,不断改进数据共享和财务协同的流程和方法。

通过这样一个由不同部门代表组成的工作组,企业可以确保大数据与财务管理的数据共享和财务协同项目从规划到实施的每个环节都得到有效管理。这不仅加强了跨部门的合作,也为企业带来了更高的运营效率和更优的决策质量。

3. 制定数据共享政策和流程

在大数据与财务管理的融合过程中,确保数据共享的有效性和安全性是至关重要的。为此,企业必须制定明确的数据共享政策和流程,这不仅涉及数据的收集、存储、处理和访问等各个环节的标准和规范,还包括了如何保障数据质量和安全的具体措施。以下是这一要求的具体拓展。

(1) 数据共享政策和流程的关键要素

①数据收集的标准和规范

企业需要明确数据收集的具体标准和规范,确保收集的数据准确、完整和及时。这包括确定数据来源的可靠性,制定数据收集的方法和工具,以及设定数据收集的时间频率等。对于财务数据而言,准确性尤为重要,因此还需确保数据收集过程符合相关财务和会计标准。

②数据存储的可访问性

数据存储不仅需要确保数据的安全性，防止数据泄露或被未授权访问，还要考虑数据的可访问性，确保授权用户能够便捷地访问所需数据。这需要企业采取适当的技术措施，比如数据加密、访问控制和数据备份等，同时还要定期对数据存储环境进行安全评估。

③数据处理的一致性和标准化

为了保证数据处理过程的一致性和标准化，企业应当制定统一的数据处理流程和规范，包括数据清洗、数据整合和数据分析等步骤。这有助于提高数据处理的效率和质量，确保不同部门和团队在数据处理时能够遵循相同的标准。

④数据访问的控制和监管

制定严格的数据访问控制政策，确保只有授权用户才能访问敏感或关键的数据。此外，企业还应实施数据访问的监管机制，记录数据访问的活动，以便于追踪数据的使用情况，及时发现和处理潜在的安全问题。

（2）实施步骤

①政策制定。由跨部门组成的工作组合作，基于企业的业务需求和法律法规要求，共同制定数据共享政策和流程。

②培训和宣导。对所有员工进行数据共享政策和流程的培训和宣导，确保每位员工都明白政策的重要性和自身的责任。

③技术支持。投入必要的技术资源，建立符合政策要求的数据管理系统，包括数据收集、存储、处理和访问等环节的技术支持。

④监督和评估。定期对数据共享的实践情况进行监督和评估，确保政策和流程得到有效执行，同时根据业务发展和技术进步进行必要的调整和优化。

通过制定明确的数据共享政策和流程，企业不仅能够保障数据的准确性、一致性和安全性，还能够在大数据与财务管理的结合上发挥最大的效能，从而在保障数据安全的同时，充分利用数据资源支持企业决策和业务发展。

4. 技术平台的选择和部署

在大数据与财务管理领域，实现部门间数据共享和财务协同的成功，极大程度上依赖于选用合适的技术平台和工具。这些技术方案不仅需要支持高效的数据处理和分析，还必须保证数据的安全性和可靠性。以下是选择技术平台和工具时的考虑因素，以及实施技术解决方案的关键步骤。

（1）选择技术平台和工具的考虑因素

①数据仓库

数据仓库为企业提供了一个集中存储大量数据的解决方案，使得数据可以被有效地组织、存储和管理。选择数据仓库时，需要考虑其数据集成能力、查询性能、扩展性以及与现有系统的兼容性。

②大数据分析工具

大数据分析工具能够帮助企业从庞大的数据集中提取有价值的信息和洞察。在选择这些工具时，应考虑其分析能力、实时处理能力、用户友好性以及定制化功能。

③云计算平台

云计算平台提供了弹性的计算资源，可以根据需要快速扩展，非常适合处理大规模数据分析任务。选择云平台时，重要的考量包括数据安全性、成本效率、服务可靠性以及支持的服务和技术生态。

（2）实施技术解决方案的关键步骤

①需求分析

在实施之前，进行全面的需求分析，明确数据共享和财务协同的具体目标、所需功能和预期成果。这将为选择合适的技术平台和工具提供指导。

②技术选型

基于需求分析的结果，评估和选择最适合企业需求的数据仓库、大数据分析工具和云计算平台。在这一过程中，可以考虑邀请技术供应商进行演示和试用，以便更好地评估各个方案的优势和局限。

③系统集成和部署

在选定技术方案后，进行系统的集成和部署。这一步骤需要考虑如何将新的技术平台和工具与企业现有的IT系统和业务流程无缝集成，以确保数据的流畅传输和处理。

④安全措施和数据治理

实施过程中，必须重视数据安全和隐私保护。这包括实施数据加密、访问控制、身份验证等安全措施，以及建立数据治理框架，确保数据的准确性、一致性和合规性。

⑤培训和支持

为确保技术解决方案的有效运用，对相关人员进行培训是必不可少的。此外，还应提供持续的技术支持，以解决实施过程中可能遇到的技术问题。

通过精心选择和实施合适的技术平台和工具，企业不仅可以实现部门间数据的高效、安全共享，还能够加强财务协同，提升财务管理的效率和决策质量，从而在竞争激烈的市场环境中保持领先地位。

5. 持续评估和优化

在大数据与财务管理领域，实施数据共享和财务协同项目后的持续评估和优化是确保长期成功和持续改进的关键。这一过程不仅涉及评估实施的成效，还包括了根据收集到的反馈对流程和技术方案进行必要的调整。以下是对这一重要步骤的详细扩展：

（1）定期评估的重要性

①成效评估

定期评估数据共享和财务协同的效果是衡量项目是否达到预期目标的重要手段。这包括了成本节约、效率提升、决策质量改善等方面的评估。通过这种评估，企业可以量化项目带来的具体益处，为进一步的投资和资源分配提供依据。

②问题识别

定期评估还可以帮助企业及时发现和识别实施过程中出现的问题和挑战。这些问题可能涉及数据质量、数据安全、系统集成等多个方面。早期识别并解决这些问题对于保障数据共享和财务协同项目的长期成功至关重要。

（2）收集反馈的作用

①用户反馈

从实际使用者那里收集反馈是优化数据共享和财务协同流程的重要环节。用户反馈可以提供关于系统操作性、功能需求、用户体验等方面的宝贵信息，指导后续的改进和优化工作。

②业务反馈

除了技术和操作层面的反馈外，来自不同业务部门关于数据共享和财务协同效果的反馈同样重要。这种反馈可以帮助识别流程中的业务痛点，评估数据共享和财务协同在支持业务决策和运营效率方面的实际效果。

(3) 不断优化的策略

①流程优化

根据评估结果和收集到的反馈,企业应不断优化数据共享和财务协同的流程。这可能包括简化数据收集和处理步骤、改进数据质量控制措施、优化跨部门协作机制等。

②技术方案调整

技术环境和业务需求的变化可能要求对初期选定的技术方案进行调整。企业应保持对新技术和工具的关注,根据实际需求和技术发展趋势,及时更新或升级技术平台和工具。

通过这一连续的评估和优化过程,企业能够确保数据共享和财务协同项目始终与企业战略目标保持一致,最大限度地发挥大数据在财务管理中的价值,从而在不断变化的市场环境中维持竞争力和效率。

第三节 内部财务共享成功案例研究

内部财务共享在现代企业中日益成为提高财务管理效率和准确性的关键策略。结合大数据技术,财务共享能够为企业带来更深层次的洞察和优化。以下是关于内部财务共享成功案例研究的大纲,旨在深入探讨企业如何有效实施财务共享,并借助大数据技术实现财务管理的优化。

一、成功案例概览

在探讨大数据与财务共享的主题下,一个引人注目的成功案例是一家全球知名的消费品公司,它通过实施财务共享服务中心(FSSC)模式,结合大数据技术,实现了财务管理的显著优化和效率提升。这家企业的经验为同行提供了宝贵的参考和启示。

(一)企业背景

该企业是一家跨国消费品公司,业务遍及全球多个国家和地区,拥有多个知名品牌。随着业务的全球扩展,企业面临着日益复杂的财务管理挑战,包括成本控制、财务流程标准化以及数据分析和决策支持等方面的需求。为了应对这些挑战,企业决定引入财务共享服务中心模式,结合大数据技术,来优化其财务管理。

(二)实施财务共享的初衷和目标

1. 初衷

企业实施财务共享服务中心的初衷主要是为了提高财务管理的效率和效果。通过集中处理财务事务,企业旨在降低成本、提升服务质量、增强财务数据的透明度和可用性。此外,企业还希望借助大数据技术,加强对财务数据的分析和利用,从而提高决策的速度和质量。

2. 目标

成本效率。通过集中化处理财务事务,实现规模经济,降低财务运营成本。

流程标准化。统一财务处理流程,提高财务操作的标准化和自动化水平,减少人为错误。

数据驱动的决策。利用大数据分析工具,对财务数据进行深入分析,提供更准确、更及时的业务洞察,支持数据驱动的决策。

风险管理。通过对财务数据的实时监控和分析,及时识别和响应财务风险。

通过实施财务共享服务中心并结合大数据技术,企业成功地实现了其财务管理的优化目标,不仅提高了财务操作的效率和准确性,还增强了企业的竞争力。这一成功案例展示了财务共享和大数据技术结合的强大潜力,为其他企业提供了宝贵的经验和启示。

二、实施策略和过程

在大数据与财务共享的融合过程中,成功案例企业的实施策略和过程为我们提供了深刻的洞察。该企业通过一系列精心设计的步骤,不仅成功实施了财务共享服务中心(FSSC),还充分利用了大数据技术和工具来优化其财务管理流程。以下是该企业实施财务共享和大数据技术的详细过程及其面临的关键挑战和应对策略。

(一)实施步骤

1. 需求分析和规划

企业首先进行了详细的需求分析,明确了财务共享服务中心的目标,包括成本节约、流程标准化、提高决策质量等。基于这些需求，企业制定了详细的实施计划，包括时间表、预算、人力资源分配等。

2. 技术选择和部署

根据财务共享的需求，企业评估并选择了合适的大数据技术和工具，包括数据仓库、数据分析和可视化工具以及云计算平台等。这些技术和工具的选择考虑了数据处理能力、安全性、可扩展性和成本效率等因素。随后，企业开始部署这些技术解决方案，确保其能够支持跨部门的数据共享和财务流程的集中化处理。

3. 数据整合和流程优化

企业着手整合来自不同部门和系统的财务数据，确保数据的一致性和准确性。同时，企业优化和标准化了财务处理流程，如账单处理、财务报告生成等，以提高效率和减少错误。

4. 培训和变革管理

为了确保员工能够适应新的财务共享模式和大数据技术，企业实施了全面的培训计划。同时，通过变革管理措施，如持续沟通、管理层支持等，企业努力减少员工的抵触情绪，促进新系统的顺利采纳。

（二）关键挑战及应对策略

1. 数据质量和一致性

在整合不同来源的财务数据时，数据质量和一致性是一大挑战。企业通过建立严格的数据治理框架和质量控制流程，确保数据的准确性和可靠性。

2. 技术集成和安全性

将新的大数据技术和工具与现有的 IT 系统集成，同时确保数据安全，是另一个挑战。企业采取了分步实施的策略，逐步整合新旧系统，并实施了多层次的数据安全措施，包括数据加密、访问控制等。

3. 组织文化和员工接受度

变革管理是成功实施财务共享的关键。企业通过持续的沟通、透明的政策和积极的员工参与，成功地克服了组织文化和员工接受度的挑战。

通过这一系列精心设计和执行的实施步骤，以及面对挑战时采取的有效应对策略，企业成功地实现了财务共享和大数据技术的融合，极大地提升了财务管理的效率和决策质量。这一成功案例为其他企业提供了宝贵的经验和启示，展示了大数据和财务共享在现代企业管理中的巨大潜力。

三、关键成功因素

在大数据与财务共享领域的成功实施案例中，几个关键因素共同作用，确保了项目的成功。这些因素不仅涵盖了技术和流程的方面，还包括了人员和文化等软性因素，体现了一个全面的、系统的实施策略。以下是对这些关键成功因素的深入分析：

（一）组织文化和领导力的支持

成功的财务共享项目始于强有力的领导支持和积极的组织文化。领导层的全力支持为项目提供了必要的资源、指导和可见性，帮助克服实施过程中遇到的挑战。同时，建立一种鼓励创新、支持变革的组织文化是至关重要的，它能够促进团队成员之间的合作，减少对新系统和流程的抵抗。

（二）技术基础设施的建设

构建适应财务共享需要的技术基础设施是实现目标的基石。这包括选择和部署能够支持大数据处理和分析、数据共享和安全以及高效财务操作的软件和硬件平台。确保这些技术解决方案能够灵活适应未来需求的变化，对于长期维持项目成功同样关键。

（三）数据治理和质量控制

高质量的数据是财务共享成功的核心。因此，建立严格的数据治理框架和质量控制流程，确保数据的准确性、完整性和一致性，是不可或缺的。这涉及数据的采集、处理、存储和分析各个环节，需要明确数据标准、管理责任，并采用适当的技术手段进行监控和验证。

（四）员工培训和参与

员工的积极参与和对新系统的熟练运用是财务共享成功的另一关键因素。通过全面的培训计划，确保所有相关员工不仅理解财务共享和大数据技术的目的和益处，还能够有效使用新系统和工具。此外，鼓励员工提出意见和反馈，参与到持续改进过程中，可以进一步提升项目的成功率。

通过这些关键因素的系统实施和维护，案例企业不仅成功实现了财务共享的目标，还充分利用了大数据技术带来的优势，提升了整体的财务管理效率和决策质量。这些成功因素为其他企业提供了宝贵的经验教训，指导它们在实施财务共享和大数据项目时能够更加顺利和有效。

第七章 大数据与跨组织财务共享

第一节 大数据支持的跨组织财务共享模型

一、概述

在当今快速变化的商业环境中,企业越来越需要在财务管理上实现更高的效率、透明度和灵活性。跨组织财务共享模型,结合大数据技术,为企业提供了一种创新的解决方案。这种模型不仅重新定义了财务管理的方式,还大幅提升了财务决策的质量和速度。

跨组织财务共享模型是指在多个组织或部门之间共享财务数据、资源和流程的一种管理模式。这种模式通过集中化的服务中心,实现了财务操作的标准化、自动化和优化,有效降低了成本,提高了财务管理的效率。与传统的独立财务管理模式相比,跨组织财务共享模型能够更好地适应全球化经营和市场变化的需求,为企业提供了竞争优势。

大数据技术的加入进一步增强了跨组织财务共享模型的价值。通过利用大数据分析、机器学习等先进技术,企业能够从海量的财务数据中提取有价值的洞察,支持数据驱动的决策过程。这不仅提高了财务报告的准确性和时效性,还使得企业能够进行更为深入的成本分析、风险评估和市场预测。

大数据技术使得跨组织财务共享模型不仅限于简单的数据共享和流程优化,而是能够提供更深层次的财务洞察和预测,从而支持更复杂和动态的财务决策需求。例如,通过实时分析全球各地的销售数据和成本数据,企业可以快速调整其财务策略和运营计划,以应对市场变化。

综上所述，跨组织财务共享模型结合大数据技术，为企业提供了一种全新的财务管理方式。这种模式不仅优化了财务流程，降低了成本，还提高了决策的质量和速度。在全球经济一体化和信息化快速发展的今天，采用这种模式的企业将能够更有效地管理其财务资源，保持竞争力，并实现可持续发展。

二、跨组织财务共享模型的核心要素

在今天的企业环境中，跨组织财务共享模型已经成为提高财务效率和决策质量的关键策略。结合大数据技术，这一模型不仅能够优化财务流程，还能够提供更深层次的业务洞察，支持更加精准的决策制定。以下是跨组织财务共享模型的核心要素及其实施方法的探讨。

（一）数据集成

数据集成在实现跨组织财务共享模型中扮演着基础且关键的角色，其重要性在于为企业构建一个全面、准确的财务和业务信息基础。在这个过程中，大数据技术不仅提供了必要的工具和平台，而且还引入了先进的分析能力，使得数据集成变得更加高效和深入。

1. 大数据平台的作用

利用大数据平台进行数据集成，企业能够处理和分析来自不同来源的海量数据。这些平台具备高度的灵活性和扩展性，能够支持各种类型和格式的数据，包括结构化数据（如财务报表中的数字）和非结构化数据（如社交媒体上的市场反馈）。通过这种方式，企业不仅能够整合内部各部门的财务数据，还能够融合外部数据源，如行业报告和市场分析，从而获得一个360度的财务视图。

2. 数据集成的挑战与策略

实施数据集成的过程中，企业可能会面临多种挑战，包括数据的多样性、复杂性以及数据质量的保证等。为了克服这些挑战，企业需要采取一系列策略：

①建立统一的数据标准。为了确保数据的一致性，企业需要制定统一的数据定义和格式标准。这有助于在数据集成过程中减少歧义，提高数据的准确性。

②强化数据治理。建立强大的数据治理机制是保障数据质量的关键。这包括明确

数据的所有权、责任以及数据生命周期管理规程，确保数据的正确性、完整性和安全性。

③利用先进的数据处理技术。采用大数据处理技术，如数据湖和数据仓库，可以有效支持大规模数据的存储、处理和分析。同时，利用数据清洗和质量检查工具可以进一步提高数据的质量。

④持续的监控与优化。数据集成是一个持续的过程，企业需要不断监控数据集成的效果，并根据实际情况进行调整和优化。这包括定期审查数据质量、更新数据处理流程和技术等。

通过这些策略的实施，企业能够有效地解决数据集成过程中的挑战，确保财务数据的一致性和准确性。大数据技术的引入不仅加速了数据集成的过程，还为企业提供了深度分析和洞察的能力，为财务共享模型的成功实施奠定了坚实的基础。

（二）数据分析与洞察

在大数据与财务共享的框架下，数据的集成不仅解决了信息孤岛的问题，也为企业提供了一个宝贵的资源池，使得深入的数据分析和获取业务洞察成为可能。通过利用先进的大数据分析工具和算法，企业能够有效地挖掘这些集成数据的潜在价值，揭示业务运营中的关键趋势、模式和潜在异常。

1. 发现趋势和模式

大数据分析工具能够处理和分析海量的财务数据，帮助企业发现长期和短期的业务趋势。例如，通过时间序列分析，企业可以识别销售额、成本和利润等财务指标的周期性变化和趋势，这对于预测未来的财务表现和制定相应的预算计划至关重要。

2. 识别异常

借助于大数据算法，如异常检测和模式识别，企业能够及时发现财务数据中的异常点，这些异常可能是由于操作错误、欺诈行为或者系统故障等原因引起的。通过早期识别和处理这些异常，企业可以避免潜在的财务损失，保障财务数据的准确性和可靠性。

3. 洞察业务运营的细微变化

通过对集成数据的深入分析，企业可以洞察到业务运营中的细微变化，这些变化可能是市场需求的转变、消费者行为的改变或是供应链效率的提升。这些洞察为企业提供了及时调整产品策略、市场定位或运营流程的依据，从而更好地适应市场变化，保持竞争力。

4. 理解财务指标背后的因素

大数据分析结果能够帮助企业深入理解影响成本结构、收入来源和利润率变动等关键财务指标背后的驱动因素。例如，通过关联分析，企业可以识别出影响成本和收入的内外部因素，如原材料价格变动、市场竞争状况等。这种深度的理解为企业提供了更有针对性的策略调整和优化依据。

5. 支持策略调整和优化

通过大数据分析获得的深入洞察支持企业进行更有针对性的策略调整和优化。无论是调整价格策略、优化成本结构还是重新规划投资方向，大数据分析提供的信息都是无价之宝，帮助企业在复杂多变的市场环境中做出更加明智的决策。

总而言之，集成的数据结合大数据分析工具和算法，不仅为企业揭示了业务运营中的趋势、模式和异常，还提供了理解关键财务指标背后因素的深度洞察，为企业的策略调整和优化提供了坚实的数据支持。这一过程显著提升了财务共享模型的价值，使企业能够更有效地利用其财务资源，提升决策质量和业务效率。

（三）风险管理与合规性

在财务共享的背景下，大数据技术的应用不仅仅局限于提升效率和洞察力，它还在风险管理和合规性保障方面发挥着至关重要的作用。通过深度利用大数据技术，企业能够构建一个更加强大和灵活的风险管理体系，同时确保其财务操作的全面合规。

1. 加强风险管理

大数据技术通过对财务数据的实时监控和深入分析，使企业能够快速识别和评估潜在的风险点。这些风险点可能包括不正当的财务操作、欺诈行为、预算超支等。利用大数据分析，企业可以在问题发生之前就预测和识别异常模式，从而采取相应的预防措施，比如调整内部控制机制，或实施更加严格的审计流程。此外，大数据技术还能够帮助企业对历史风险事件进行深入分析，从中学习和优化，进一步降低未来风险发生的可能性。

2. 保障合规性

随着财务法规和标准的不断变化,保持企业财务活动的持续合规成为一项挑战。大数据技术能够帮助企业实时追踪法规变化,并通过对财务数据的持续分析,确保所有操作均符合最新的法规要求。例如,大数据工具可以自动检测报告和记录的合规性,及时发现潜在的合规问题,并提示相关部门采取改正措施。这种技术支持的合规监控不仅提高了合规性的效率和准确性,也大大减少了因违规而可能产生的法律风险和经济损失。

3. 适应法规要求

大数据分析还能够支持企业更好地理解和适应复杂多变的法规环境。通过对相关法规和标准的深入分析,企业可以更准确地解读法规要求,预测法规变化对财务管理和报告的影响。这不仅帮助企业提前准备和调整,确保顺利过渡,也为企业的长期发展和战略规划提供了宝贵的法规洞察。

大数据技术在财务共享模式下的应用,为企业提供了一个强有力的工具,用于加强风险管理和保障合规性。通过实时监控、深入分析和自动化报告,企业不仅能够及时识别和应对各种财务风险,还能确保其财务活动始终符合日益复杂和严格的法规要求,从而在保护企业免受财务风险侵害的同时,也保证了其长期的稳定发展。

总之,跨组织财务共享模型的实施是一个复杂但极具价值的过程。通过有效的数据集成、深入的数据分析与洞察、实时的决策支持以及有效的风险管理与合规性保障,企业不仅能够提升财务管理的效率和准确性,还能在更广泛的层面上优化业务运营和提升竞争力。大数据技术在这一过程中发挥着至关重要的作用,使得财务共享模型的潜力得到了充分发挥。

三、实施策略

实施跨组织财务共享模型,尤其是在结合大数据技术的情况下,要求企业采取一系列战略性措施,确保项目的成功。这些措施包括构建合适的技术基础设施、确立健全的数据治理体系、进行必要的组织结构调整,以及培养支持共享文化的领导力。

(一) 技术基础设施建设

在构建支持跨组织财务共享的大数据技术基础设施方面,企业必须进行深思熟虑的规划和投资，以确保该基础设施不仅满足当前的需求，而且能够适应未来的发展。这个过程涉及对高效、可扩展的硬件和软件解决方案的选择，涵盖数据存储、数据处理和数据分析的全方位需求。

1. 数据存储解决方案

对于数据存储，企业需要考虑数据的增长速度和多样性，选择可以灵活扩展的存储解决方案。云存储服务是一个可行的选择，它不仅提供了高度的可扩展性和灵活性，还可以根据使用量进行成本控制。同时，为了保证数据的长期安全和稳定性，采用多备份和灾难恢复策略也是必不可少的。

2. 数据处理平台

在数据处理方面，企业需要部署能够高效处理大规模数据集的平台。这包括批处理和实时数据处理能力，以支持复杂的数据分析和决策制定过程。大数据处理框架，如 Apache Hadoop 和 Apache Spark，因其高度的可扩展性和强大的处理能力，成为众多企业的首选。

3. 数据分析工具

对于数据分析，选择集成了先进分析功能的平台至关重要。这些工具应支持从基础的数据统计和可视化到高级的机器学习和预测建模等广泛的分析任务。通过这些工具，企业能够深入挖掘财务数据的潜在价值，发现业务洞察，指导决策。

4. 安全措施

鉴于财务数据的敏感性和重要性，确保数据的安全是建立大数据技术基础设施时的一个核心考虑。这包括实施数据加密、强化访问控制和网络安全措施。通过采用最新的安全技术和遵循行业最佳实践，企业可以有效保护财务数据免受未授权访问和潜在威胁。

5. 适应未来技术发展和业务需求

选择能够适应未来技术发展和业务需求变化的基础设施尤为重要。这意味着企业需要选择那些具有高度灵活性和兼容性的解决方案，以便能够轻松集成新兴技术，如人工智能和物联网，从而在不断变化的市场环境中维持竞争力。

通过以上措施，企业可以建立一个强大的大数据技术基础设施，为跨组织财务共享模型的成功实施奠定坚实的基础，同时确保在面对未来挑战时保持灵活性和竞争力。

（二）数据治理体系

在实施跨组织财务共享的过程中，数据的质量和安全性不仅是基础要求，更是保障整个共享模型能够有效运作的核心。为此，构建一个全面且强大的数据治理体系显得尤为关键。这一体系需要全方位覆盖数据的生命周期，从数据的创建、存储、使用到最终的销毁，每一环节都应受到严格的控制和监督。

1. 数据标准和管理策略

明确的数据标准和管理策略是确保数据一致性和准确性的基础。企业需要制定统一的数据定义、格式和分类标准，确保数据在整个组织内的一致性。此外，数据的采集、存储、传输和访问等操作都需要有明确的策略和规范，以减少数据在处理过程中的错误和遗漏。

2. 操作流程和质量监控

操作流程的标准化是提高数据处理效率和质量的关键。企业应建立标准化的数据处理流程，明确各个环节的责任人和操作步骤，减少人为错误的可能性。同时，实施持续的数据质量监控机制，通过定期的数据质量检查、数据清洗和校正等措施，确保数据的准确性和完整性。

3. 合规性保障

在跨组织财务共享的背景下，合规性问题显得尤为重要。数据治理体系需要包含一套完善的合规性监控和管理机制，以确保数据处理活动遵守所有相关的法律法规和行业标准。这包括对数据保护法律的遵循、对敏感数据的特别保护措施，以及对数据访问和使用的严格控制。

4. 数据安全措施

数据安全是数据治理体系的重要组成部分。企业需要采取强有力的数据安全措施，保护数据免受未授权访问、泄露或破坏。这些措施包括但不限于数据加密、访问控制、网络安全防护以及对数据中心和服务器的物理安全措施。同时，应急响应计划也是必不可少的，以便在数据安全事件发生时能够迅速采取行动，减轻损失。

通过以上措施，企业可以建立一个全面而强大的数据治理体系，不仅确保了数据的质量和安全，也为跨组织财务共享提供了坚实的基础。这样的体系能够支撑企业在复杂多变的商业环境中保持数据的可靠性和合规性，从而促进企业的持续发展和竞争力提升。

（三）组织结构调整

实现有效的跨组织财务共享对企业的组织结构和内部流程提出了新的要求。这不仅意味着技术的升级和数据的整合，更涉及组织架构的优化和流程的重新设计。为了顺利推进财务共享项目，企业可能需要进行一系列结构性的调整，以确保各部门之间能够高效、顺畅地协作和共享数据。以下是实现这一目标的关键策略：

1. 建立共享服务中心

设立专门的共享服务中心是促进跨组织财务共享的有效手段之一。这个中心作为一个集中的资源池，负责处理来自不同部门和地区的财务任务，如账目处理、财务报告和预算管理等。共享服务中心的建立不仅可以提高财务处理的效率和标准化程度，还能通过规模经济降低运营成本。

2. 调整部门职能

为了支持跨部门间的协作和数据共享，企业可能需要重新定义部门的职能和责任。这包括明确哪些财务职能应当集中处理，哪些则需要保留在各业务单元内部。同时，还需设立跨部门协作机制，确保数据和信息能够在组织内自由流动，支持基于数据的决策制定。

3. 优化流程和提高灵活性

除了结构调整外，企业还需要对内部流程进行优化，以提高财务管理的灵活性和响应速度。这可能涉及简化审批流程、采用自动化工具减少手工操作以及实施敏捷管理方法等。通过流程优化，企业可以更快地适应市场变化，提升财务管理的效能。

4. 消除信息孤岛

组织结构的调整和流程优化的一个重要目标是消除信息孤岛。通过建立统一的数据平台和共享标准，以及促进部门间的沟通和协作，企业可以确保信息的畅通无阻。这样，不仅可以提高数据利用率，还能增强企业对市场和业务变化的整体洞察力。

通过上述的组织结构调整和流程优化，企业能够为跨组织财务共享打下坚实的基础。这些改变有助于打破部门壁垒，促进信息共享，从而提升财务管理的效率和灵活性。在大数据技术的支持下，财务共享不仅能够帮助企业降低成本、提高效率，还能够增强决策的数据支持度，为企业的可持续发展提供强有力的支撑。

（四）文化和领导力

在当今的商业环境中，大数据与财务共享已成为企业提高效率、降低成本、优化资源配置的重要手段。成功实施跨组织财务共享，不仅需要技术支持，更需要强有力的领导支持和积极的企业文化作为基石。

首先，领导层的支持是推动财务共享和大数据文化建立的关键。领导层需要通过自身行动示范，向员工展示对财务共享和大数据的重视，以及对企业发展的长远规划。这种示范效应能够激发员工对财务共享和大数据的认同感和参与度，从而形成一种积极向上的企业文化。

其次，领导力还体现在对变革的管理上。在财务共享和大数据的推广过程中，企业需要面对各种挑战，如员工对新技术的抵触、工作流程的调整等。领导层应通过有效的沟通、培训和激励措施，帮助员工适应新的工作方式，降低变革带来的不确定性和抵触情绪。这要求领导层具备敏锐的洞察力、坚定的决心和灵活的应变能力。

此外，领导层还需关注企业文化的塑造。在财务共享和大数据环境下，企业应鼓励开放、协作的工作氛围，培养员工之间的信任和尊重。这种企业文化有助于打破部门壁垒，促进跨组织的沟通与协作，从而实现财务共享和大数据价值的最大化。

同时，领导层还需关注企业外部环境的变化，与其他企业、政府部门、行业协会等建立良好的合作关系，共同推动财务共享和大数据产业的发展。这有助于企业获取更多的资源和支持，提高在市场竞争中的地位。

总之，领导支持和积极的企业文化是成功实施跨组织财务共享的关键因素。企业领导层应充分发挥自身作用，推动财务共享和大数据文化的建立，为企业的可持续发展奠定坚实基础。同时，领导层还需关注变革管理、企业文化塑造和外部环境的变化，确保财务共享和大数据在企业中得到有效推广和应用。在未来的商业竞争中，拥有强大领导支持和积极企业文化的企业将更具竞争优势。

第二节 大数据在供应链财务共享中的应用

一、概述：大数据在供应链财务共享中的重要性

供应链财务共享是一种集成供应链管理和财务管理的模式，它通过集中处理和共享财务信息，以实现成本效益和业务优化。大数据在供应链财务共享中发挥着重要的作用，其重要性主要体现在以下几个方面。

①提高决策质量。大数据分析可以提供更准确、更全面的信息，帮助企业在供应链财务共享中做出更明智的决策。通过对大量的交易数据、市场数据和供应商数据进行分析，企业可以更好地理解市场趋势、预测需求、识别风险，并制定相应的财务策略。

②优化成本管理。大数据可以帮助企业在供应链财务共享中更准确地计算和分配成本。通过对成本数据的深入分析，企业可以发现成本节约的机会，优化成本结构，并实现成本效益的最大化。

③提高资金管理效率。大数据分析可以帮助企业在供应链财务共享中更好地管理资金流动。通过对现金流、应收账款和应付账款等数据的实时监控和分析，企业可以更好地预测资金需求，优化资金分配，降低资金成本，并提高资金的使用效率。

④强化风险管理。大数据分析可以帮助企业在供应链财务共享中更好地识别和管理风险。通过对供应商数据、市场数据和财务数据的综合分析，企业可以发现潜在的风险因素，制定相应的风险控制策略，并提前做好应对措施。

⑤促进业务协同。大数据可以促进供应链各参与方之间的信息共享和协同。通过共享财务数据和分析结果，企业可以更好地协调供应链各方的活动，提高供应链的整体效率和响应速度。

综上所述，大数据在供应链财务共享中的重要性体现在提高决策质量、优化成本管理、提高资金管理效率、强化风险管理和促进业务协同等方面。通过充分利用大数据技术，企业可以更好地实现供应链财务共享的目标，提升企业的竞争力和盈利能力。

二、大数据在供应链财务管理中的应用

(一) 大数据对供应链需求的预测

1. 需求预测的重要性

需求预测是供应链管理中的关键环节,它可以帮助企业合理规划生产和库存,降低库存成本,提高客户满意度。准确的需求预测能够确保企业在正确的时间、正确的地点拥有正确的产品,以满足市场需求。

2. 大数据在需求预测中的应用

大数据技术在需求预测中发挥着重要作用。企业可以通过收集和分析大量的内部和外部数据,如销售数据、市场趋势、竞争对手信息、社会经济指标等,来预测未来的产品需求。这些数据可以帮助企业更准确地了解市场变化和消费者行为,从而做出更明智的决策。

3. 大数据预测方法的介绍

大数据预测方法包括时间序列分析、机器学习、人工智能等技术。时间序列分析通过对历史销售数据进行统计和分析,建立预测模型来预测未来的需求。机器学习可以通过学习大量的数据模式和特征,自动识别和预测需求趋势。人工智能可以通过模拟人类思维和决策过程,对需求进行预测和优化。

4. 大数据对供应链需求预测的优势

大数据技术在供应链需求预测中具有许多优势。首先,大数据可以处理和分析大量的数据,提供更准确和全面的预测结果。其次,大数据技术可以实时更新和调整预测模型,以适应市场变化和需求波动。此外,大数据还可以通过数据可视化和分析工具,帮助企业更好地理解和解释预测结果,提供更直观的决策支持。

通过大数据技术的应用,企业可以更准确地进行供应链需求预测,优化库存和生产计划,降低运营成本,提高供应链的灵活性和响应速度。这将有助于企业在竞争激烈的市场中取得优势,并实现更好的业务绩效。

(二) 大数据优化供应链模式

1. 供应链模式的重要性

供应链模式是企业运营的核心组成部分，它涉及从原材料采购到产品交付给最终消费者的整个流程。一个高效的供应链模式可以降低成本、提高产品质量、缩短交货时间并提升客户满意度。因此，优化供应链模式对于企业的竞争力至关重要。

2. 大数据在供应链模式优化中的应用

大数据分析可以提供对供应链各环节的深入洞察，从而帮助企业识别瓶颈、优化流程、提高效率。通过分析大量的供应链数据，企业可以更好地理解供应链的性能，发现潜在的问题，并制定相应的改进措施。例如，大数据可以帮助企业优化库存管理，减少库存成本，同时确保产品的及时供应。

3. 大数据优化供应链的方法和工具

大数据优化供应链的方法包括数据收集、数据分析和数据驱动的决策。企业可以通过使用各种数据收集工具和技术，收集供应链各环节的数据，包括采购、生产、库存、销售等。通过数据分析工具和技术，如数据挖掘、机器学习和预测分析，对收集到的数据进行分析，提取有价值的信息和洞察。基于数据的洞察，企业可以做出更明智的决策，优化供应链模式。

4. 大数据优化供应链的效果评估

为了评估大数据优化供应链的效果，企业可以采用关键绩效指标（KPIs）来衡量供应链的性能。例如，可以通过计算库存周转率、订单履行率、交货时间等指标来评估供应链的效率和响应速度。此外，企业还可以通过与行业标杆进行比较，评估自己在供应链优化方面的表现。通过持续监测和评估，企业可以不断改进供应链模式，提高运营效率和客户满意度。

通过大数据优化供应链模式，企业可以更好地应对市场变化，提高供应链的灵活性和适应性。这将有助于企业在竞争激烈的市场中保持竞争优势，实现可持续发展。

(三) 大数据与供应链风险管理

1. 供应链风险管理的挑战

供应链风险管理是企业在全球化供应链环境中面临的重要挑战之一。随着供应链的复杂性和不确定性的增加,企业需要有效管理各种潜在风险,以保障供应链的稳定运作。供应链风险包括供应商风险、物流风险、市场需求波动、质量问题、法律法规变化等。这些风险可能导致成本增加、交货延迟、客户满意度下降等问题。

2. 大数据在供应链风险管理中的应用

大数据技术在供应链风险管理中发挥着重要作用。通过收集和分析大量的内部和外部数据,企业可以更好地识别和评估供应链风险。大数据可以帮助企业监控供应商的绩效和稳定性,预测物流风险,分析市场需求波动,检测产品质量问题,以及跟踪法律法规的变化。通过实时数据分析和预测,企业可以及时采取措施应对潜在风险,降低风险对供应链的影响。

3. 大数据在风险识别、评估和控制中的作用

大数据在供应链风险管理中的关键作用包括风险识别、风险评估和控制。首先,大数据可以通过分析大量的数据源,帮助企业识别潜在的风险因素和预警信号。其次,通过数据分析和模型预测,企业可以评估风险的可能性和影响程度,从而确定优先级和应对策略。最后,大数据可以支持企业在控制风险方面做出更明智的决策,通过实时监控和调整供应链活动,降低风险的发生概率和影响。

4. 大数据与供应链风险管理的结合案例分析

某企业利用大数据技术进行供应链风险管理的一个案例是,通过建立供应商绩效评估系统,该企业收集了大量的供应商数据,包括交货时间、质量记录、价格波动等。通过分析这些数据,企业能够识别出表现不佳的供应商,并采取相应的措施,如寻找备用供应商、加强供应商合作等,以降低供应商风险。此外,企业还利用大数据预测市场需求波动,通过灵活调整生产和库存计划,减少库存积压和缺货风险。通过这些措施,该企业能够有效管理和降低供应链风险,提高供应链的稳定性和可靠性。

通过大数据技术的应用,企业可以更有效地管理和控制供应链风险,提高供应链的韧性和适应性。这将有助于企业在竞争激烈的市场中保持竞争优势,并实现可持续发展。

三、大数据在供应链财务共享中的应用分析

（一）大数据在供应链成本管理中的应用

企业可以通过分析大量的供应链数据，包括采购成本、库存水平、运输成本等，来识别成本节约的机会。例如，通过分析供应商的绩效和价格波动，企业可以优化采购策略，降低采购成本。

大数据分析可以帮助企业评估供应商的绩效，识别供应商的风险和机会，从而优化供应商管理。企业可以根据数据分析结果，选择合适的供应商，建立稳定的供应商关系，降低供应链风险。例如，通过分析供应商的交货时间、质量记录和价格波动等数据，企业可以评估供应商的绩效，选择表现良好的供应商，建立长期合作关系，降低供应链风险。

大数据分析还可以帮助企业实时监控库存水平，预测市场需求，从而优化库存管理。通过精确的库存预测，企业可以减少库存积压和缺货情况，降低库存成本，提高资产利用率。例如，企业可以利用大数据分析技术，对销售数据、市场趋势和季节性因素进行分析，预测未来的市场需求，从而制定合理的库存策略，避免库存积压和缺货情况，降低库存成本，提高资产利用率。

此外，大数据技术还可以帮助企业进行供应链风险管理。通过对供应链数据的分析，企业可以识别潜在的风险因素，如供应商稳定性、物流运输风险等，并采取相应的风险控制措施。例如，企业可以利用大数据分析技术，对供应商的财务状况、经营状况和市场信誉等进行分析，评估供应商的风险水平，采取相应的风险控制措施，如增加备选供应商、加强供应商管理等，降低供应链风险。

总之，大数据技术在供应链财务共享中的应用可以帮助企业优化成本管理、供应商管理、库存管理和风险管理等方面。通过利用大数据技术，企业可以更好地应对市场变化，提高供应链的灵活性和适应性，实现可持续发展。

（二）大数据在供应链收入管理和利润优化中的应用

企业可以通过分析大量的市场数据、消费者行为数据和竞争对手数据，来预测市场需求和趋势。大数据分析可以帮助企业了解消费者的需求变化，预测产品的销售趋

势,从而制定更准确的生产计划和库存策略。

大数据分析可以帮助企业制定更有效的定价策略,通过分析市场需求、竞争对手定价和消费者支付意愿等数据,确定最佳定价点,提高收入和利润。此外,大数据分析还可以帮助企业预测未来的收入,从而制定更合理的财务规划和预算。

大数据分析可以帮助企业了解消费者的购买偏好和需求,优化产品组合,增加高需求产品的库存,减少低需求产品的库存。此外,大数据还可以帮助企业分析销售渠道的性能,优化销售渠道布局,提高销售效率和收入。

(三) 大数据在供应链资金管理中的应用

企业可以通过大数据分析技术来监控和优化现金流,通过分析销售数据、应收账款和应付账款等财务数据,预测现金流的变化趋势,制定合理的资金管理策略。此外,大数据还可以帮助企业识别资金流动中的瓶颈和风险,采取相应的措施进行优化。

大数据分析可以帮助企业识别供应链中的潜在风险,如供应商稳定性、物流运输风险等,并评估这些风险的可能性和影响程度。通过提前识别和评估风险,企业可以采取相应的风险控制措施,降低风险的影响。

大数据分析可以帮助企业制定更有效的风险应对策略,通过分析历史风险事件和市场数据,识别风险的规律和特点,制定相应的风险控制措施。此外,大数据还可以帮助企业优化保险安排,通过分析保险产品和价格,选择合适的保险方案,降低保险成本,提高风险管理效果。

第三节 大数据促进的行业间财务合作

一、大数据是行业间财务合作的催化剂

随着企业数据量的急剧增加,大数据技术提供了一个独特的机会,使企业能够从海量的数据中提取有价值的信息,从而优化财务管理和决策过程。这种技术的进步不仅改变了单个企业内部的财务操作模式,也促进了不同行业之间在财务管理方面的合作与协同。

大数据技术的应用使企业能够跨越行业界限，共享和分析财务数据，揭示出潜在的合作机会和风险点。例如，通过对供应链中不同企业的财务数据进行集成和分析，企业可以识别出成本节约的机会，或是通过共享风险评估模型，合作管理供应链风险。此外，大数据分析还可以支持跨行业的财务合规性监控，帮助企业更好地遵守不断变化的国际财务报告标准和法规要求。

大数据技术的引入，为不同行业间的财务合作提供了强大的技术支撑和数据基础。通过利用大数据分析，企业不仅能够加强内部财务管理的效率和精准度，还能在更宽广的商业生态中寻找合作伙伴，共同探索创新的财务管理和优化策略。因此，大数据技术已经成为连接不同行业财务合作的重要桥梁，促进了财务资源的优化配置和风险管理的共同提升，最终推动了整个商业生态的高效运作和持续发展。

二、大数据在跨行业组织财务合作中的作用

大数据技术在促进不同行业间财务合作方面发挥着至关重要的作用。通过提供高效的数据共享机制、深入的跨行业洞察与分析，以及实时的合作决策支持，大数据技术为跨行业合作提供了强大的数据和分析支持。

（一）数据共享机制

在当今数据驱动的商业环境中，大数据平台发挥着至关重要的作用，尤其是在促进不同行业之间的财务合作方面。通过利用云计算和分布式技术，这些平台能够处理和分析来自全球各地、不同行业的庞大数据集，这包括详尽的财务报表、实时的市场动态以及反映消费者偏好和行为的数据。这种能力不仅为财务数据的共享提供了前所未有的速度和效率，也为数据的安全性和完整性设置了新的标准。

1. 数据共享的速度和效率

通过大数据平台，企业能够实现即时的数据共享，这对于快速变化的市场环境来说至关重要。无论是财务报表的定期更新，还是市场动态的实时反馈，大数据平台都能确保信息的及时传递，让合作伙伴能够基于最新的数据做出决策。这种快速的信息流通缩短了决策周期，提高了企业对市场变化的响应速度。

2. 数据安全和可靠性

在财务数据共享过程中，数据的安全性和可靠性尤为重要。大数据平台通过采用

先进的加密技术、严格的访问控制和综合的网络安全措施，保障了数据在传输和存储过程中的安全性。此外，分布式技术还提高了数据的可靠性，即使在部分系统发生故障的情况下，也能保证数据的完整性和可访问性。

3. 促进信息透明化

大数据平台的应用，极大地促进了信息透明化，这对于建立和维护跨行业合作关系至关重要。透明的信息流通不仅增强了合作伙伴之间的信任，还提高了合作效率，因为决策可以基于共享的、一致的信息进行。此外，信息透明化还有助于识别和解决潜在的风险和问题，保障合作项目的顺利进行。

4. 基础设施的灵活性和扩展性

大数据平台的灵活性和扩展性是支持跨行业财务合作的另一关键因素。随着合作关系的深入和业务需求的变化，企业可以轻松地调整数据处理和分析的规模，无须担心基础设施的限制。这种灵活性保证了企业能够迅速适应新的合作模式和市场需求，维持合作关系的活力和效益。

综上所述，大数据平台为不同行业之间的财务合作提供了坚实的技术基础，通过确保数据共享的速度、安全性和透明化，大大促进了合作伙伴之间的协作和信任，为实现更加高效和创新的财务管理打下了坚实的基础。

（二）跨行业洞察和分析

在当今数据驱动的商业世界中，大数据分析的能力已成为企业战略规划和运营优化的核心要素。通过利用大数据技术，企业能够对来自不同行业和市场的庞大数据集进行深入分析，从而获得宝贵的财务洞察，这些洞察不仅限于本行业内的操作，还扩展到了跨行业和全球市场的范围。

1. 发现行业趋势和竞争对手动态

大数据技术的应用使企业能够追踪和分析全球市场的动态变化，识别出长期和短期的行业趋势。这种能力对于预测市场发展方向、调整企业战略至关重要。同时，通过分析竞争对手的财务表现和市场行为，企业可以更好地定位自己，制定出击败或超越竞争对手的策略。

2. 识别新的投资机会和合作伙伴

通过对大规模消费者数据的分析,如购买行为、偏好趋势和反馈,企业能够识别出新的市场需求和未被满足的消费者需求,从而发现新的投资机会。这种分析还可以揭示与自己业务互补的潜在合作伙伴,开启跨行业合作的新篇章,共同开发新产品或服务,进入新市场。

3. 优化供应链管理和成本节约

大数据分析还能够深入供应链每个环节,识别出流程中的瓶颈和不效率点,为企业提供优化和改进的具体建议。例如,通过分析物流数据,企业可以优化库存水平,减少过剩或缺货的情况,降低仓储和物流成本。同时,大数据可以帮助企业在供应链中发现成本节约的机会,比如通过分析供应商的性价比,选择更经济高效的供应商。

综上所述,大数据技术为企业提供了一种前所未有的方式来获取深入的跨行业财务洞察。这些洞察不仅可以帮助企业发现新的市场机会,优化供应链管理,还能够促进跨行业的合作,共同寻求成本节约和效率提升的机会。随着大数据技术的不断发展和应用,企业将能够更加灵活和有效地应对市场变化,保持竞争优势。

(三) 合作决策支持

在当今快速变化的商业环境中,大数据分析已经成为增强跨行业合作效率和成效的关键工具。通过利用先进的大数据技术,企业能够对合作伙伴的财务数据和市场表现进行深入且实时的分析,从而为合作决策提供坚实的数据支撑。这种基于数据的决策过程不仅提升了决策的精确度,还缩短了决策周期,使合作更加灵活和响应迅速。

1. 精准的合作决策

利用大数据技术进行的实时分析使企业能够准确地理解合作伙伴的财务状况和市场表现,包括收入、成本、利润率及其变化趋势。这种深入的理解为识别合作机会、评估合作潜力提供了可靠依据,帮助企业在众多潜在合作伙伴中做出最佳选择。

2. 及时的决策支持

大数据分析能够提供即时的市场反馈和财务指标更新,使合作决策过程变得更加敏捷。在市场环境或合作伙伴业务状况发生变化时,企业可以迅速调整合作策略和计划,确保合作项目的顺利进行和最终成功。

3. 预测分析的应用

除了对历史数据和当前业务表现的分析外，大数据技术还能够通过预测分析提前预见未来的市场趋势和潜在风险。这为合作伙伴共同规划未来的战略方向和操作计划提供了强大的支持。通过预测分析，合作伙伴可以共同识别未来的市场机会，制定应对策略，最大化合作的潜在价值和收益。

4. 增强合作效率和成功率

基于大数据的决策过程极大地提高了跨行业合作的效率和成功率。数据驱动的决策使合作更加客观和理性，减少了基于直觉或主观判断的风险。此外，共享的数据和分析结果也增强了合作伙伴之间的透明度和信任，为长期合作关系的建立和维护奠定了坚实的基础。

总之，大数据技术的应用在促进跨行业合作方面展现出巨大的潜力。通过为合作决策提供基于事实的支持，大数据不仅增强了合作的精准度和响应速度，还为预测未来趋势、规避潜在风险提供了有效工具，从而确保合作项目能够顺利进行并取得预期成果。随着大数据技术的不断进步和应用扩展，其在跨行业合作中的作用将愈发显著。

三、大数据促进财务合作的领域

大数据技术正在重新定义财务合作的范畴，为不同行业之间的企业合作开辟了新的道路。通过深入分析和实时信息共享，大数据为供应链优化、风险管理与合规性监控以及投资与融资合作等领域提供了强有力的支持，促进了跨行业合作的深化和拓展。

在投资与融资合作领域的竞争日益激烈的今天，大数据技术的应用已成为企业寻求优势的关键。通过深入挖掘和分析市场数据，大数据技术不仅加深了企业对市场的理解，还极大地促进了信息的共享和合作决策的形成，使得投资与融资活动更加精准和高效。

1. 提供市场洞察

利用大数据技术，企业能够获得比传统分析方法更全面、更深入的市场洞察。这包括对市场趋势的预测、消费者行为的分析以及竞争对手策略的洞察等。这些信息帮助企业在投资前对潜在市场进行更为精确的评估，从而制定出更加科学合理的投资策略。

2. 优化投资组合

大数据分析能够揭示投资项目的潜在价值和相关风险，为企业提供量化的分析结果。企业可以依据这些分析结果对投资组合进行优化，调整投资结构，以平衡收益和风险。通过动态监控市场变化和投资表现，企业能够及时做出调整，最大化投资效益。

3. 识别融资机会和伙伴

大数据技术使企业能够在广泛的行业和市场中识别出最佳的融资机会和潜在的融资伙伴。通过分析财务数据、信用记录和市场表现，企业不仅能够找到与自身需求相匹配的融资渠道，还能够评估潜在伙伴的信誉和合作潜力，从而实现资本的有效配置和风险的最小化。

4. 支持合作决策

在投资与融资合作中，合作双方的决策往往需要基于大量的数据和信息。大数据技术能够提供实时的数据支持，帮助合作双方评估合作项目的潜在价值和风险，预测项目的未来表现。这种基于数据的决策过程不仅增加了决策的透明度，也提高了合作的成功率和投资的回报率。

大数据技术在投资与融资合作领域中的应用，为企业提供了前所未有的市场洞察和数据支持。通过精确的市场分析、投资组合的优化、融资机会的识别以及对合作决策的支持，大数据技术帮助企业降低风险、提高效率，最终实现投资回报的最大化。随着大数据技术的不断发展，其在促进行业间投资与融资合作方面的潜力将进一步被挖掘和利用。

总之，大数据技术为跨行业财务合作提供了强大的支持，使企业能够在供应链优化、风险管理与合规性监控以及投资与融资合作等方面实现更高效、更安全、更有价值的合作。随着大数据技术的不断进步和应用扩展，其在促进行业间财务合作方面的潜力将进一步得到发掘和利用。

四、实施大数据财务合作的挑战

实施大数据驱动的财务合作，尽管为企业提供了巨大的潜力和机会，但在推动过程中也面临一系列挑战。这些挑战需要企业在实施前进行充分的准备和策略规划，以确保合作的顺利进行和最终成功。

（一）跨行业数据标准和兼容性

在大数据和财务共享的背景下，跨行业合作变得日益重要。然而，合作伙伴之间数据标准和格式的不一致往往成为实现有效数据共享和分析的一大障碍。每个行业都可能有其独特的数据管理体系和格式标准，这些差异可能导致数据整合过程中的不兼容问题，从而影响数据分析的准确性和合作的进展。

1. 建立共同的数据标准

为了克服这一挑战，首先需要企业之间就数据标准达成共识。这涉及对数据的定义、格式、质量要求等方面的统一。通过建立共同的数据标准，不仅可以确保数据的准确性和一致性，还能大大提高数据处理的效率。例如，对于财务数据，合作伙伴可以一致遵循国际财务报告标准（IFRS）或其他公认的财务报告准则，以确保财务信息的透明度和可比性。

2. 制定兼容性协议

除了统一数据标准外，还需要制定兼容性协议，解决不同系统和平台之间的数据兼容问题。这包括数据交换格式、数据传输协议以及数据接口的标准化等。通过技术层面的协调，可以确保不同来源的数据能够无缝集成，支持高效的数据共享和分析。例如，采用通用的数据交换格式如 XML 或 JSON，可以使不同行业间的系统更容易读取和处理合作伙伴的数据。

3. 实施数据集成和分析工具

随着共同数据标准和兼容性协议的建立，接下来的步骤是实施能够支持这些标准和协议的数据集成和分析工具。这可能包括数据仓库、数据湖以及大数据分析平台等。选择支持多种数据源和格式的集成工具，可以帮助企业从不同的合作伙伴那里收集和整合数据，进而进行深入的数据分析，发掘合作潜力。

4. 加强合作与沟通

加强企业之间的沟通和合作是确保数据标准和兼容性协议得以有效执行的关键。这要求合作伙伴之间建立定期的沟通机制，共享数据管理的最佳实践，及时解决数据集成和分析过程中遇到的问题。通过持续的沟通和合作，可以不断优化数据共享和分析流程，提升跨行业合作的整体效率和成效。

总之，通过企业之间的协商一致，建立共同的数据标准和兼容性协议，实施相应的数据集成和分析工具，并加强持续的沟通和合作，可以有效地解决跨行业合作中的数据集成和分析挑战，提升合作效率，实现共赢。

（二）技术集成和操作复杂性

随着大数据技术在财务共享领域的广泛应用，其带来的技术集成和操作复杂性成为企业必须面对的挑战。在跨行业合作的背景下，这一挑战尤为显著，因为合作涉及多个行业和不同的技术平台，这要求企业不仅要升级现有的技术基础设施，还要实现不同系统间的有效集成。

1. 技术升级与集成

企业在引入大数据技术时，需要对现有的软件和硬件进行全面的技术升级。这可能包括采购更高性能的服务器、存储设备以及引入先进的数据处理和分析软件。同时，技术集成也是一项关键任务，特别是将新引入的大数据技术与企业现有的 IT 系统和软件平台进行有效集成，确保数据的流畅传递和处理。

2. 人才培训

除了硬件和软件的升级，人才培训也是成功引入大数据技术的重要环节。企业需要对员工进行大数据技术的培训，包括数据科学、数据分析、系统操作等，以提升团队的技术能力，确保他们能够有效地使用新技术进行数据处理和分析。此外，对于项目管理和决策层的人员，也需要提供关于大数据技术潜力和应用的培训，帮助他们更好地理解和利用大数据技术支持企业决策。

3. 持续的技术支持和更新

大数据技术的快速发展意味着企业需要持续关注技术进步，定期进行系统和软件的更新。这不仅包括引入最新的数据处理和分析工具，还包括对安全措施的持续加强，以应对日益复杂的网络安全威胁。因此，企业需要建立一个持续的技术支持和更新机制，确保大数据系统能够高效、安全地运行。

综上所述，大数据技术的引入虽然为财务共享和跨行业合作带来了前所未有的机遇，但同时也带来了技术集成和操作的复杂性。企业需要进行全面的技术升级和集成，投入必要的资源进行人才培训，同时建立持续的技术支持和更新机制，以克服这些挑战，确保大数据技术能够为企业带来长期的价值。通过这些努力，企业可以最大化地利用大数据技术，提升财务管理的效率和效果，实现在激烈的市场竞争中的持续发展。

（三）文化差异和合作意愿

在大数据与财务共享的背景下，跨行业合作不仅涉及技术和操作的挑战，更需要克服文化差异和合作意愿的问题。不同的行业和企业往往拥有独特的文化背景和价值观，这些差异可能在合作过程中显现为对数据共享的态度、对合作开放性的接受程度等方面的不一致。这些因素可以显著影响合作双方的互动方式和合作成效。

1. 文化差异的影响

文化差异可能导致对数据共享的看法产生分歧。例如，某些企业可能更加重视数据的保密性和独占性，而另一些企业则可能更倾向于开放和共享信息。此外，不同的组织可能对合作中的风险有不同的容忍度，这可能影响到合作决策的速度和范围。

2. 建立互信和共识

为了克服这些挑战，建立互信和共识成为促进成功合作的关键。这需要合作双方通过开放的沟通，了解彼此的文化背景和期望，寻找共同的价值观和目标。在建立了共同的理解和信任基础之上，双方可以更容易地就数据共享的范围、合作的条款以及风险管理等关键问题达成一致。

3. 促进开放和透明的合作文化

促进一种开放和透明的合作文化对于跨行业合作的长期成功同样重要。这意味着双方不仅在合作初期就各自的期望和担忧进行坦诚的交流，而且在合作过程中持续保持沟通，及时分享重要信息和进展，以及面对挑战时共同寻找解决方案。开放和透明的态度有助于加强合作伙伴之间的信任，减少误解和冲突，提高合作的适应性和灵活性。

总之，面对跨行业合作中的文化差异和合作意愿的挑战，通过建立互信和共识，以及促进开放和透明的合作文化，企业可以更有效地管理这些挑战，增强合作的稳定性和成效。这不仅需要合作双方的积极参与和投入，还需要对合作关系进行持续的维护和优化，以实现共赢的合作目标。

　　虽然实施大数据财务合作存在一系列挑战，但通过采取有效的策略和措施，这些挑战是可以被克服的。这包括加强数据安全和隐私保护、建立跨行业的数据标准、投入技术集成和操作培训，以及培养积极的合作文化和意愿。通过这些努力，企业可以最大限度地发挥大数据在财务合作中的潜力，实现共赢的合作目标。

第八章 大数据环境下的财务共享未来展望

第一节 大数据技术发展对财务共享的影响

随着大数据技术的不断进步和发展,其在财务共享领域的应用前景仍然广阔,预计将带来更深远的影响。未来,大数据技术不仅会进一步优化财务数据处理和分析流程,还将通过与其他新兴技术的整合开启财务管理的新篇章。

一、大数据技术的未来发展

企业面临的数据量正以前所未有的速度增长,这不仅包括传统的财务数据,还涵盖了各种非结构化数据,如社交媒体反馈、市场动态等。在这样的背景下,大数据技术的未来发展预计将专注于两个关键领域:一是提升数据处理的能力,二是提高分析的精度。

(一)提升数据处理能力

为了应对日益增长的数据量,大数据技术正朝着处理更大规模数据集的方向发展。这不仅意味着提升数据存储能力,更重要的是提高数据处理的速度和效率。未来的大数据技术将采用更加先进的算法和计算架构,比如利用分布式计算和云技术,使得大规模数据集的处理更加快速和灵活。这将极大地缩短数据分析的时间,使企业能够实时获得关键的财务信息和市场反馈。

(二)提高分析精度

随着技术的进步,大数据分析方法也将变得更加精细和先进。通过采用机器学习、深度学习等人工智能技术，大数据分析将能够自动识别数据模式，预测市场趋势，甚至进行情感分析，从而为企业提供更深入、更全面的洞察和预测。这些先进的分析工具不仅能够帮助企业更准确地理解当前的市场状况，还能够预测未来的发展趋势，从而支持更加精准和科学的财务决策。

（三）应对市场环境变化

在复杂多变的市场环境中，企业需要快速而准确地做出财务决策以应对挑战。大数据技术的未来发展将为企业提供强大的数据支撑，不仅能够帮助企业捕捉到市场变化的微妙信号，还能够通过深度分析提前预见潜在风险和机遇，使企业能够在竞争中保持领先。

总之，大数据技术在财务共享领域的未来发展将更加注重于提升数据处理的能力和分析的精度，通过利用更加先进的技术和方法，为企业提供实时、准确的财务信息和市场洞察。这不仅将帮助企业优化财务管理，提升决策质量，还将赋予企业更大的灵活性和适应性，以应对快速变化的市场环境。

二、新兴技术的整合

未来，大数据技术与人工智能、区块链等新兴技术的整合将为财务共享带来很大的变化。人工智能技术的融入，特别是机器学习和自然语言处理，将使得大数据分析更加智能化，能够自动识别数据模式，预测财务趋势，甚至提供决策建议。这不仅提升了数据分析的效率，也提高了决策的质量。

与此同时，区块链技术的应用将为财务共享带来更高级别的安全性和透明性。区块链的去中心化特性和不可篡改的记录，为财务数据的共享和交换提供了一个安全可靠的平台，极大地降低了数据篡改和欺诈的风险。此外，区块链技术还能够优化合同执行和支付流程，进一步提高财务操作的效率和准确性。

总之，大数据技术的未来发展和与新兴技术的整合，将为财务共享领域带来更多机遇和挑战。通过不断提升数据处理和分析能力，以及加强数据安全和透明性，大数据技术将使财务共享变得更加高效、智能和安全。对于企业而言，积极适应这些技术变革，将是实现财务管理优化和提升竞争力的关键。随着技术的不断进步，未来财务共享的景象将变得更加广阔，为企业带来更多增长和发展的可能。

三、企业应对大数据发展的策略

随着大数据技术在财务共享领域的持续发展和应用,企业面临着前所未有的变革机遇。为了充分利用大数据技术在财务共享中的潜力,企业需要采取一系列适应性措施,确保技术与企业战略、运营流程和文化能够紧密结合。

(一)接受和适应技术变革

企业需要建立开放的态度,接受并适应由大数据技术带来的变革。这意味着企业领导层需要认识到大数据技术对财务管理模式、决策过程乃至企业文化所带来的深刻影响。领导层的支持和推动是企业适应技术变革、实现财务共享战略转型的关键。

(二)投资于技术和人才

企业需要在大数据技术和相关人才上进行战略性投资。这包括采购和部署先进的数据处理和分析工具,建设符合大数据运营需求的 IT 基础设施,同时也包括对员工进行大数据技能的培训,或招聘具备大数据分析能力的专业人才。通过这样的投资,企业可以确保拥有足够的技术资源和人才储备,以支持大数据在财务共享中的应用。

(三)优化数据管理和治理

为了最大化大数据技术的应用价值,企业还需要优化数据管理和治理机制。这涉及建立统一的数据标准、确保数据质量、保护数据安全和隐私等方面。通过有效的数据管理,企业可以确保所收集和分析的数据准确、可靠,为基于数据的财务决策提供坚实的基础。

(四)增强跨部门协作

大数据技术的成功应用还需要企业内部不同部门之间的紧密协作。财务部门需要与 IT 部门、运营部门等其他部门通力合作,共享数据资源,共同分析和解读数据洞察,实现信息的流通和知识的共享。通过跨部门协作,企业可以更全面地利用大数据技术,促进财务共享的实现。

(五) 培养数据驱动的企业文化

企业应努力培养一种数据驱动的企业文化。这意味着在决策过程中更多地依赖于数据分析和洞察，鼓励员工积极利用数据解决问题和寻找机会。通过培养这样的企业文化，企业可以更自然地融入大数据技术，实现财务管理的创新和优化。

总之，企业需要通过适应技术变革、投资于技术和人才、优化数据管理、增强跨部门协作以及培养数据驱动的企业文化等多方面的努力，以充分利用大数据技术在财务共享中的潜力，从而在竞争激烈的市场环境中取得优势。

第二节　财务共享与人工智能的融合

财务共享与人工智能（AI）的融合是当代财务管理领域的一个重要发展趋势，这种融合不仅能够极大提高财务处理的效率和准确性，还能为企业决策提供深度的数据洞察。以下是关于财务共享与人工智能融合的详细大纲：

一、人工智能在财务管理中的应用前景和潜力

随着人工智能（AI）技术的飞速发展，其在财务管理领域的应用前景和潜力正日益受到关注。AI技术，特别是机器学习、自然语言处理等先进算法的应用，正在为财务共享服务带来很大的变革。这些技术不仅能够优化财务流程，提高操作效率，还能够提供深度的数据分析，支持更加精准和高效的决策制定。

在财务共享领域，人工智能首先展现出的潜力是通过自动化来提升效率。AI可以自动处理大量重复性高、烦琐的财务任务，如发票的自动录入、支出的分类以及财务报表的生成等。这不仅显著减少了人力成本，还降低了人为错误的可能性，提升了财务处理的速度和准确性。

AI技术在风险管理和合规性监控方面同样展现出巨大的潜力。通过对历史数据的深度学习和模式识别，AI能够预测并识别潜在的财务风险和欺诈行为，帮助企业及时采取预防措施。同时，AI还能够自动监测财务活动，确保企业的财务操作符合相关的法律法规要求，降低合规风险。

总之，人工智能技术在财务管理中的应用前景和潜力不容小觑。从自动化和效率提升到风险管理和数据分析，AI 技术正在逐步成为财务共享服务不可或缺的一部分。随着 AI 技术的不断发展和完善，其在财务管理领域的应用将更加广泛和深入，为企业带来更高效、更智能的财务管理解决方案。企业应积极拥抱 AI 技术，充分挖掘其在财务共享服务中的应用潜力，以实现财务管理的创新和升级。

二、人工智能应用于财务共享的未来趋势

随着人工智能（AI）技术在财务共享领域的不断应用和发展，未来的趋势预示着技术创新和战略变革将进一步推动财务管理的进步。AI 技术，尤其是自然语言处理和预测分析等领域的进步，将为财务共享带来更深层次的影响，同时催生出新的商业模式和服务模式。

（一）技术创新

NLP 技术的发展，将极大地增强机器处理和理解人类语言的能力，这对于财务报告的自动生成、数据的快速查询以及与财务系统的自然交互具有重要意义。

1. 财务报告的自动生成

未来，随着 NLP（自然语言处理）技术的进步，财务报告的生成过程将变得更加自动化和智能化。机器将能够理解复杂的财务术语和概念，自动从大量的财务数据中提取关键信息，生成准确且内容丰富的财务报告。这不仅减少了财务专业人员在报告编制上的工作负担，还能显著提高报告编制的速度和质量，使企业能够更快地响应市场变化和管理需求。

2. 数据查询和交互的自然化

NLP 技术的进步还将使得与财务系统的数据查询和交互更加高效和自然。用户可以通过自然语言与系统进行交流，如同与真人进行对话一样查询财务数据、获取报告和解读财务指标，极大地提高了用户体验和工作效率。这种自然语言交互方式将使得财务信息的获取和理解变得更加直观和便捷，特别是对于非财务背景的管理人员而言。

3. 预测分析能力的增强

更为重要的是，AI 技术在预测分析方面的应用将使企业能够更加科学地进行决

策。通过深度学习和数据挖掘技术，AI不仅能够基于大量历史数据和现有趋势进行精准的财务预测，还能够识别和分析潜在的风险和机会。这为企业制定战略规划、优化财务管理和规避风险提供了强大的数据支撑和科学依据。

总之，随着AI技术特别是NLP和预测分析技术的进步，财务共享和管理领域将迎来更高效、更智能、更自然的发展趋势。企业将能够利用这些技术创新，不仅优化日常的财务操作，提高工作效率，还能够基于深度的数据分析和预测，制定更加科学合理的财务决策和战略规划。随着技术的不断发展和应用，财务共享和管理的未来将更加光明。

（二）战略变革

人工智能（AI）技术的快速发展正在引领财务共享服务模式向着更加前沿的方向演进。这场由AI驱动的战略变革，不仅预示着财务共享服务的智能化和个性化，还将深刻影响企业的财务管理策略和操作模式。

1. 智能化和个性化的财务共享服务

随着AI技术的深入应用，财务共享服务将变得更加智能化和个性化。利用深度学习和数据分析的能力，AI能够从大数据中提取有价值的信息，为企业量身定制财务管理解决方案。这意味着，无论是面临复杂的税务规划问题，还是需要进行精细的成本控制，AI都能够根据企业的特定需求和业务背景，提供最适合的策略和建议。这种高度定制化的服务将大大提高财务管理的效率和效果，帮助企业在激烈的市场竞争中保持优势。

2. 新商业模式和服务模式的涌现

AI技术的广泛应用还将催生一系列新的商业模式和服务模式。例如，基于云的财务共享平台能够让企业随时随地访问财务数据和服务，实现财务管理的无缝对接和即时更新。此外，AI驱动的财务咨询服务能够提供更深层次的市场洞察和财务规划建议，帮助企业制定更加科学和前瞻性的发展战略。这些新模式不仅提升了财务共享服务的灵活性和效率，也为企业带来了更多增值服务，助力企业实现长期发展和价值创造。

AI技术在财务共享服务领域的应用将引发一场深刻的战略变革。通过推动服务的智能化和个性化,以及催生新的商业模式和服务模式,AI 将使财务共享服务变得更加高效、灵活和有价值。对于企业来说,积极拥抱 AI 技术,探索和实践新的财务共享服务模式,将是实现财务管理创新和提升竞争力的关键。随着 AI 技术的不断进步和成熟,预计未来财务共享服务将会迎来更多的发展机遇和挑战,为企业财务管理领域带来更广阔的发展前景。

综上所述,未来人工智能技术在财务共享领域的进一步发展预计将带来显著的技术创新和战略变革。自然语言处理和预测分析等技术的进步将使财务共享服务更加高效和精准,而 AI 技术的深入应用也将推动财务共享服务模式向更加智能化、个性化和灵活的方向发展。面对这些变革,企业需要积极拥抱 AI 技术,探索和实践新的商业模式和服务模式,以充分利用 AI 技术在财务共享领域的潜力,推动企业财务管理的创新和优化。

第三节 大数据伦理与财务共享

一、大数据伦理问题的重要意义

在当今的数字化时代,大数据技术已成为推动财务共享服务发展的关键驱动力。然而,随着大量财务数据的收集、处理和共享,大数据伦理问题逐渐浮出水面,成为企业必须正视的重要议题。这些伦理问题不仅关系到个人和企业的隐私保护,还涉及数据安全和公正性等多个维度,对财务共享的健康发展构成了挑战。

首先,隐私保护是大数据伦理问题中最受关注的方面。在财务共享的过程中,大量含有个人和企业敏感信息的财务数据被收集和分析,如何保障这些信息不被滥用成为一个严峻的问题。若隐私保护措施不当,不仅会侵犯个人隐私权,还可能损害企业声誉,引发法律风险。

其次,数据安全问题同样不容忽视。在财务共享服务中,数据泄露和未授权访问的风险始终存在。这不仅关乎企业财务数据的保密性,还直接影响企业的财务安全和业务连续性。因此,确保财务数据的安全,防止数据被非法窃取或篡改,是大数据应用中亟待解决的伦理挑战。

最后，数据公正性问题也日益突显。在利用大数据技术进行财务分析和决策支持时，如何确保数据处理和分析过程中不带有偏见，避免歧视和不公平，成为另一个需要重视的伦理问题。数据分析的公正性直接关系到财务决策的合理性和有效性，影响企业的战略规划和运营管理。

综上所述，随着大数据技术在财务共享领域的深入应用，伴随而来的伦理问题亟须企业给予足够重视。解决这些伦理挑战，不仅需要企业建立严格的数据管理和保护机制，还需要在企业内部营造一种重视数据伦理的文化氛围，通过技术创新和制度设计共同保障财务共享服务的健康可持续发展。

二、大数据伦理的核心问题

在财务共享领域，随着大数据技术的广泛应用，伦理问题成为企业不得不正视的重要议题。特别是隐私保护、数据安全和数据公正性这三个方面，它们是构成大数据伦理核心问题的关键要素，对财务共享的健康发展具有深远的影响。

（一）隐私保护

在财务共享中保护个人和企业的隐私信息至关重要。财务数据往往包含了大量敏感信息，如个人身份信息、收入情况、投资详情等，这些信息的泄露可能会给个人和企业带来严重的后果。因此，企业需要采取有效措施，如数据脱敏、访问控制、加密传输等，以确保这些敏感信息在收集、存储和分析过程中得到严格保护，从而保障个人和企业的隐私安全。

（二）数据安全

保障财务数据安全是财务共享中的另一个重要伦理问题。随着数据的数字化和网络化，数据泄露和未授权访问的风险日益增加。企业需要建立强大的数据安全机制，包括但不限于防火墙、入侵检测系统、数据备份和恢复策略等，以防止财务数据被非法窃取、篡改或销毁。此外，定期对数据安全策略进行审查和更新，以应对不断变化的安全威胁，也是确保财务数据安全的关键。

(三) 数据公正性

确保数据处理和分析过程的公正性，避免偏见和歧视，是大数据应用中不可忽视的伦理问题。在财务共享中，数据分析的结果往往会直接影响决策制定和策略调整。因此，企业需要确保所使用的数据分析模型和算法公正无偏，避免因数据源的选择性或分析方法的偏见导致不公平的结果。这要求企业在数据分析前进行彻底的数据审查，确保数据的代表性和完整性，并采用透明的分析流程，增强数据处理的可信度和公正性。

总之，隐私保护、数据安全和数据公正性构成了大数据伦理的核心问题，对于财务共享的健康发展具有至关重要的影响。企业需要采取综合措施，从技术、管理和伦理三个维度出发，确保财务共享过程中的数据伦理问题得到妥善解决，从而促进财务共享服务的可持续发展。

三、伦理挑战与解决策略

在财务共享与大数据的交汇点上，企业面临着伦理挑战，尤其是如何平衡数据隐私保护与财务共享效率、加强数据安全以及提升数据处理的公正性和透明度。解决这些挑战需要综合运用技术和管理措施，以确保财务共享的伦理性和效率。

（一）处理数据隐私与效率之间的平衡

在提高财务共享效率和保护数据隐私之间找到平衡点是至关重要的。企业可以通过采用先进的数据处理技术，如数据脱敏和匿名化，保护个人隐私同时不损害数据的可用性。此外，实施严格的数据访问控制，确保只有授权人员才能访问敏感财务信息，也是平衡效率的有效策略。同时，企业还需定期对财务共享流程进行审查，确保隐私保护措施的实施不会不必要地妨碍财务数据的处理和分析效率。

（二）增强数据安全措施

加强财务数据的安全是应对伦理挑战的另一关键方面。企业应采取多层次的安全措施，包括物理安全、网络安全和应用安全等。技术手段如防火墙、入侵检测系统和数据加密技术应广泛部署，以防止数据泄露和未授权访问。同时，通过建立健全的数据备份和灾难恢复计划，企业能够在数据安全事件发生时迅速响应，最小化损失。管理措施方面，进行员工安全意识培训和制定严格的数据安全政策同样重要。

（三）提升数据处理的公正性和透明度

为了提升数据处理的公正性和透明度，企业应采用开放的数据处理标准和算法，确保数据分析过程可以被审核和复核。此外，引入第三方评估和监督，可以进一步增强财务共享过程中数据处理的公正性和透明度。企业还应确保数据处理和分析的过程中不受个人偏见和预设立场的影响，通过技术和政策手段消除潜在的歧视性偏见。

总之，企业在推进财务共享的同时，必须全面考虑伦理挑战，并采取有效的技术和管理措施来解决这些挑战。通过在提高效率和保护隐私之间找到平衡点、加强数据安全措施以及提升数据处理的公正性和透明度，企业不仅能够确保财务共享的伦理性，还能增强财务共享的效率和效果，促进企业的可持续发展。

参考文献

[1] 陈婧超. 财务共享与会计转型[M]. 北京：新华出版社，2021.08.

[2] 唐莉，臧黎霞，孙雪梅. 财务共享构建与管理实践[M]. 长春：吉林人民出版社，2022.07.

[3] 贾丽. 财务共享及智能财务理论与发展研究[M]. 北京：中国商业出版社，2023.04.

[4] 张少峰. 企业财务共享服务标准应用指南[M]. 北京：中国经济出版社，2022.03.

[5] 刘乃芬. 智慧财务共享未来智能技术驱动下企业财务共享体系建设与应用研究[M]. 长春：吉林人民出版社，2022.03.

[6] 柴慈蕊，赵娴静. 财务共享服务下管理会计信息化研究[M]. 长春：吉林人民出版社，2022.01.

[7] 鲍凯. 数字化财务技术赋能财务共享业财融合转型实践[M]. 北京：中国经济出版社，2023.01.

[8] 徐文妮. 大数据背景下的财务共享中心建设研究[M]. 长春：吉林人民出版社，2021.08.

[9] 马丽敏，杜春丽. 企业财务共享模式构建的策略与应用研究[M]. 长春：吉林科学技术出版社，2021.06.

[10] 刘东辉，刘龙峰，张国君. 财务共享向中小企业推广应用研究[M]. 北京：中国纺织出版社，2021.12.

[11] 乔鹏程. 业绩评价与激励机制案例财务共享与大智移云区物新技术版[M]. 北京：北京理工大学出版社，2022.11.

[12] 郭晓梅. 智能技术驱动下的财务共享模式创新与应用实践研究[M]. 沈阳：东北财经大学出版社，2022.09.

[13] 徐志敏，邵雅丽. 云计算背景下的财务共享中心建设研究[M]. 长春：吉林人

民出版社，2019.12.

[14] 饶艳超．财务共享服务沙盘模拟教程［M］．上海：上海财经大学出版社，2017.03.

[15] 卢闯编．财务共享［M］．广州：广东经济出版社，2019.10.

[16] 王晨，张霞，陈强兵．财务共享实训［M］．国家开放大学出版社，2023.08.

[17] 张庆龙．财务共享服务［M］．北京：中国人民大学出版社，2022.07.

[18] 陈平．财务共享服务 第2版［M］．成都：西南财经大学出版社，2022.08.

[19] 张洪波，李迎，翟晶晶．财务共享服务实务［M］．北京：高等教育出版社，2021.11.

[20] 孙玥璠，孙彦丛．财务共享服务教程［M］．北京：经济科学出版社，2021.02.